SEXO Y SALUD

para adultos y adolescentes

MONTABER

SEXO Y SALUD

para adultos y adolescentes

Miguel Pallarés

Francisca Molero
Ester Pallarés

MONTABER

Colección: Crítica y ensayo
Director: David Soler

Sexo y salud para adultos y adolescentes
1.ª edición, 2009
2.ª edición, 2023

© Miguel Pallarés Querol, Francisca Molero Rodríguez y Ester Pallarés Sanz
© de esta edición, ICG Marge, SL
© de las ilustraciones: los autores respectivos.

Procedencia de las ilustraciones:
Eduard Muntada: 15, 27, 50, 52, 102, 134, 144, 160, 168, 176.
David Soler: 19, 48, 83, 93, 98, 170.
Adolfo Usero: 21, 23, 24, 25, 29, 35, 39, 58, 59, 60, 61, 62, 63, 64, 65, 66, 67, 68, 108, 123, 124, 125.
Daniel Korzeniewski (dreamstime.com): 85.
Dr. Ortiz de Mendívil Baele, Jefe de la Unidad de Urología-Andrología-Andropausia de USP Hospital San Camilo: 112.
Durex: 55, 122, 178, 179, 180.
Sensualove: 55, 178, 179, 180, 181.

Edita: Montaber – Marge Books
Brutau, 160 – 08203 Sabadell (Barcelona)
Tel. 931 429 486 – montaber@montaber.es
www.montaber.es

Producción editorial: Mercedes Lara
Impresión: Safekat, SL (Madrid)

ISBN edición impresa: 978-84-19109-77-4
ISBN edición digital: 978-84-19109-78-1
Depósito Legal: B 21254-2023

El papel empleado en este libro no ha sido blanqueado con cloro elemental (CI_2).

Índice

A las muchas personas que sufren en silencio sus problemas sexuales, con la esperanza de que un buen número de ellas encuentren respuestas adecuadas en estas páginas.

Los autores

Miguel Pallarés Querol
Licenciado en Medicina y Cirugía.
Doctor en Medicina.
Especialista en Medicina Interna, Medicina de Familia y Aparato Digestivo.
Autor de *En la vida, tu mente, el mejor estimulante* y *Coaching mental y fútbol*.

Francisca Molero Rodríguez
Codirectora del Institut de Sexologia de Barcelona.
Presidenta de la Societat Catalana de Sexologia de la Acadèmia de Ciències Mèdiques
     i de la Salut de Catalunya i Balears.
Coordinadora del Máster de Sexología Clínica de la Universitat de Barcelona.
Licenciada en Medicina y Cirugía.
Máster en Sexología y Terapia Integradora.
Máster en Biopatología de la Mujer y Ginecología Preventiva.

Ester Pallarés Sanz
Licenciada en Medicina y Cirugía.
Especialista en Medicina Familiar.

Agradecimientos

Al pintor Eduard Muntada,
por las magníficas ilustraciones sobre temas sexuales,
que ha tenido la gentileza de ceder para la edición de esta obra.

Introducción

Cuando no tienes dinero, el problema es la comida.
Cuando tienes dinero, es el sexo.
Y cuando tienes dinero y sexo,
el problema es la salud.

J. P. DONLEAVY

¿Qué entendemos por salud sexual?

La Organización Mundial de la Salud, en su Constitución de 1946, define el concepto de Salud como «un estado de completo bienestar físico, mental, espiritual, emocional y social», y no solamente como la ausencia de afecciones o enfermedades.

La salud implica que todas las necesidades fundamentales de la persona (afectivas, sanitarias, nutricionales, sociales, culturales y, por supuesto, sexuales) estén cubiertas. Esta definición, obviamente, es utópica, pues se estima que no más allá del 10 % de la población mundial se encuentra completamente sana, teniendo en cuenta el difícil cumplimiento de todos estos parámetros; sin embargo, como todas las utopías, sirve para fijar objetivos e intentar acercarnos a ellos.

La sexualidad se incluye en este concepto de salud, y junto con el poder económico y social, las relaciones de amor y afecto con las personas de nuestro entorno y la búsqueda de la felicidad, constituye uno de los motores vitales de la humanidad, a lo largo del tiempo y en todas las civilizaciones.

El sexo implica vida, energía, economía, salud y está presente en todas las facetas de nuestra vida y del mundo que nos rodea. Nuestra vida y nuestro entorno están llenos de simbolismos sexuales, que enviamos y recibimos continuamente, desde que nos levantamos por la mañana hasta que nos vamos a dormir. Nuestra forma de hablar, las prendas que elegimos para vestirnos, sus colores, nuestra comunicación no verbal, en forma de expresiones corporales, miradas, insinuaciones, silencios...

La publicidad es sólo un ejemplo más de la importancia esencial que tiene el sexo, en nuestros deseos y elecciones, cuando nos invita a comprar, utilizando determinadas imágenes eróticas, cualquier objeto, aun cuando éste parezca hallarse alejado de la sexualidad, por ejemplo libros, vehículos, colonias, perfumes, ropas, inmuebles, viajes...

Para definir la salud sexual hoy y en nuestra civilización occidental, tomaremos como referencia la Organización Mundial de la Salud (OMS), que define la salud sexual como *un derecho humano básico* que incluye:

- La capacidad para disfrutar y controlar la conducta sexual.
- La libertad para que no se inhiba la respuesta sexual ni se perjudique la relación sexual por temor, vergüenza, sentido de culpabilidad, falsas creencias y otros factores.
- La libertad para que las enfermedades y otras deficiencias no interfieran con la función sexual.

Ésta es una definición amplia, importante y profunda, pues reconoce la salud sexual como «un derecho básico del ser humano» que debe respetarse y prevalecer por encima de tradiciones culturales, temores, vergüenzas y falsas creencias. La defensa de la salud sexual es tan importante en el equilibrio físico y psicológico de la persona, que para que su disfrute sea posible, es preciso tratar y vencer aquellas enfermedades orgánicas o mentales que se opongan a ella.

Pero no sólo las enfermedades atentan contra la salud sexual, pues el sexo no ha cesado de evolucionar, en un mundo cambiante que también evoluciona muy rápido. Basta repasar algunos de los cambios sociológicos y culturales acaecidos en el pasado para entender la importancia de sus efectos sobre la sexualidad, y hoy, más que nunca, es necesario conocerlos para disfrutar de una correcta salud sexual.

Los cambios sociológicos y culturales y el sexo

En las últimas décadas, los cambios sociológicos y culturales experimentados con relación al sexo han sido muchos. No se pretende aquí comentarlos todos de manera exhaustiva, pero sí trataremos algunos de los que tienen un importante peso específico:

1. *La aparición de métodos anticonceptivos,* que intentan, fundamentalmente, desligar el sexo del embarazo han representado una verdadera revolución en la sexualidad del hombre y de la mujer.

   A los métodos «clásicos», como el *coitus interruptus* o el método Ogino-Knaus (la determinación de los días fértiles de la mujer observando su temperatura basal), se han unido un buen número de ellos.

   Si bien no existe un método anticonceptivo ideal, se puede elegir entre una variedad amplia:

   - *Métodos de barrera* como el preservativo masculino o el femenino, con o sin espermicidas, o los espermicidas por sí solos, que actúan evitando el encuentro de los espermatozoides con el óvulo.
   - *Anticoncepción hormonal,* en forma de comprimidos diarios, píldora mensual, inyectables, comprimidos después del coito, parche transdérmico, anticonceptivos combinados en el anillo vaginal, etc. Estos anticonceptivos femeninos impiden alcanzar niveles hormonales adecuados para que se produzca la ovulación, o la implantación uterina del óvulo fecundado.
   - *Dispositivo intrauterino (DIU),* ya sea de cobre de alta carga, o con hormonas (levonorgestrel), por medio de los cuales se evita la fecundación.

— *Esterilización quirúrgica,* mediante vasectomía en el varón o ligadura de trompas en la mujer, que impiden también la fecundación: por falta de espermatozoides en la eyaculación, en el caso de la vasectomía, o por evitar la progresión del óvulo hasta el útero, en la ligadura de trompas, etc.

La utilización de cualquiera de estos métodos disocia la práctica sexual de la posibilidad de embarazo, con lo que aquélla adquiere otra dimensión. Los objetivos son entonces de disfrute sexual exclusivamente. Esto nos hace colocar el listón de satisfacción muy alto, por encima de donde se encontraba antes de la aparición de los métodos anticonceptivos, y nos hace ser más exigentes en cuanto a la frecuencia de relaciones sexuales y al disfrute de las mismas.

2. *La incorporación de la mujer al mundo laboral fuera del hogar,* que la ha dotado de mayores cotas de libertad en todos los ámbitos (político, económico, social…) y también de mayor nivel de exigencia, por ejemplo en el terreno sexual.

3. *Unas condiciones laborales* cada vez más duras, estresantes, de jornadas prolongadas e intensas, tanto para el hombre como para la mujer, lo que dificulta «encontrar tiempo» para los encuentros sexuales y condiciona su calidad, por el cansancio acumulado y el estrés que conlleva, en algunos casos.

4. *Una mayor difusión de temas relacionados con el sexo* en conversaciones personales, programas de radio, TV, cine, libros, revistas, Internet, etc., que nos hace comparativamente más exigentes en este campo, a unos y a otras.

5. *Mayor aceptación social de las relaciones sexuales prematrimoniales,* que hace a la pareja más conocedora de lo que quiere y más exigente. Este cambio social era impensable décadas atrás.

Figura 1. Una sexualidad satisfactoria enriquece nuestra vida,
pues nos aporta afecto, seguridad y equilibrio,
elementos indispensables para la felicidad.

6. *El incremento del consumo de drogas*, tanto de las socialmente aceptadas (tabaco, alcohol) como de las no legalizadas (hachís, drogas de síntesis, cocaína, heroína, etc.), que compiten con el sexo y perjudican su disfrute, a corto o a largo plazo.

7. *El aumento de la esperanza de vida*, que permite que cada vez más personas alcancen una edad avanzada, y se enfrenten a nuevos retos y exigencias sexuales que en anteriores generaciones ni tan siquiera se planteaban.

Éstos y otros temas tienen numerosas repercusiones en las personas. Buena muestra de ello es el estudio realizado en 38.600 individuos por el Ministerio de Sanidad y Consumo, sobre la salud de los españoles. Éste cifra el riesgo de padecer una enfermedad psíquica en un 28 %, para los hombres entre 16 y 75 años, y en un 15,6 %, para las mujeres de la misma edad. Estos cambios también repercuten en la vida sexual, limitando la capacidad de disfrute.

Las repercusiones de una sexualidad insatisfactoria se expanden como si de un virus se tratara, pues pueden afectar al equilibrio personal, a la relación con la pareja sexual, con los hijos –si se tienen–, a la esfera laboral y social, etc.

Objetivos de este libro

El objetivo primordial de este libro es abordar algunas de las cuestiones que dificultan el disfrute sexual satisfactorio o que se oponen a él. En muchas ocasiones, el mero hecho de disponer de la información adecuada puede ayudar a mejorar la calidad de la salud sexual y a resolver sus alteraciones.

Para ello, revisaremos las similitudes y diferencias anatómicas y fisiológicas entre el hombre y la mujer. Y ya en el juego sexual, expondremos cómo podemos acercarnos a los objetivos sexuales deseados y cómo resolver algunos de los problemas que con más frecuencia nos afectan.

Capítulo 1
El camino hacia el orgasmo en el hombre y en la mujer

El orgasmo es una parte importante, aunque no exclusiva, del complejo juego de las relaciones sexuales. Sus primeros pasos se inician con estímulos del deseo sexual, ya sea a nivel cerebral, en forma de recuerdos de relaciones sexuales favorables del pasado, o sencillamente mediante estímulos imaginados, en forma de palabras, música, imágenes, sensaciones, olores, etc., que llevan al deseo de contactar y estimular determinadas zonas erógenas propias o ajenas. Posteriormente, estas sensaciones son conducidas por los nervios sensitivos hacia la médula espinal y de allí, de nuevo, hacia el cerebro, donde son valoradas como agradables o no. En el mejor de los casos, estas sensaciones producirán la liberación de diferentes hormonas y mediadores químicos, que darán lugar a determinados cambios fisiológicos que culminarán con una gran sensación de placer.

Si bien este proceso es fundamentalmente igual en el hombre y en la mujer, existen diferencias significativas entre uno y otro sexo, antes de que el orgasmo se produzca, que conviene comentar.

Veamos cada uno de estos pasos con más detalle, destacando cuáles son las diferencias más importantes en las zonas erógenas –sean o no genitales– y en las distintas fases en las que, para una mejor comprensión, dividiremos el orgasmo.

Las zonas erógenas

Por zonas erógenas entendemos aquellas partes del cuerpo del hombre y de la mujer cuya estimulación incrementa el grado de deseo y de placer sexual.

La zona genital es, pues, una importante zona erógena, por lo que nos detendremos en analizar su configuración y sus funciones, sin olvidar la importancia que otras zonas también erógenas aunque no genitales desempeñan en un disfrute sexual correcto.

Recordemos cómo son, en qué se diferencian y qué funciones tienen, desde un punto de vista sexual, los genitales del hombre y de la mujer.

Anatomía y funcionalidad de los genitales masculinos

Los órganos genitales masculinos son muy distintos a los femeninos, y su conocimiento y el de sus funciones resultan esenciales para un mejor disfrute sexual.

La visión directa de los genitales masculinos nos muestra, fundamentalmente, la bolsa escrotal y el pene (véase la figura 2).

Si vamos más allá en el estudio de la anatomía de los genitales masculinos, bajo la protección de la bolsa escrotal, encontramos:

- Dos *testículos*, derecho e izquierdo, bien protegidos por la bolsa del escroto, con una misión claramente determinada: producir hormonas masculinas (andrógenos) y espermatozoides.

  - Los *andrógenos* son las principales hormonas masculinas. Resultan esenciales para mantener el deseo sexual y conferir los caracteres sexuales secundarios (masa muscular más desarrollada que en la mujer, tono de voz más grave, implantación del cabello distinta, presencia de barba, formación de más vello por todo el cuerpo, distribución de la grasa corporal preferen-

Figura 2. El torso y los genitales masculinos, mostrando la bolsa escrotal y el pene, del *David* de Miguel Ángel, esculpido en 1505.

temente en el abdomen, etc.), que ayudan a la diferenciación externa entre el hombre y la mujer.

— Los *espermatozoides* son las células germinales masculinas. Se forman en los testículos y son eliminadas por el semen, para que puedan fecundar al óvulo.

• El *epidídimo* es el conducto que se adosa a la parte superior de cada testículo, con los que se comunica para transportar los espermatozoides, formados en los túbulos seminíferos; ello da lugar al inicio de las vías espermáticas.

• Los *conductos deferentes,* que enlazan con el epidídimo, y continúan el transporte de los espermatozoides desde los testículos hasta la *uretra prostática;* en este punto coincide con las *vesículas seminales,* derecha e izquierda, que desembocan en el *conducto eyaculador,* el cual durante el coito o la masturbación proyecta el esperma en la uretra y desde allí, al exterior.

• La *uretra* se inicia en la vejiga urinaria. Tiene una doble función, pues lleva la orina desde la vejiga urinaria hasta el exterior y también al semen. Presenta varias zonas bien delimitadas: *la uretra prostática,* que está rodeada por la próstata, glándula que produce una serie de secreciones que contribuyen a formar el esperma; *la uretra membranosa,* que llega hasta la base del pene, donde comienza la *uretra peneana,* que recorre todo el pene y aflora al exterior por el *meato urinario.*

Durante la eyaculación, a través de la uretra fluye el líquido seminal o *semen,* que es una mezcla de esperma, secreciones de las vesículas seminales y fluidos de la próstata, que contiene alrededor de treinta sustancias (fructosa, calcio, cloro, sodio, ácido cítrico, sorbitol, urea, ácido úrico, creatina, vitaminas del grupo B, cinc, magnesio, inositol, etc.). También incluye prostaglandinas, unas sustancias que mantienen el movimiento de los espermatozoides en su camino hacia el óvulo.

- El pene se aprecia a simple vista y es de suma importancia sexual, pues es el órgano que permite la cópula. Está formado por dos cuerpos cavernosos que desempeñan un papel fundamental en los mecanismos de la erección, ya que permiten una entrada adicional de sangre en su interior, que es la causante de dicha erección. También posee un cuerpo esponjoso, atravesado por la uretra peneana.

El pene termina en el *glande*, o cabeza del pene, que en los varones no circuncidados está recubierto por un pliegue de piel denominado *prepucio*, que puede retraerse. El prepucio se halla

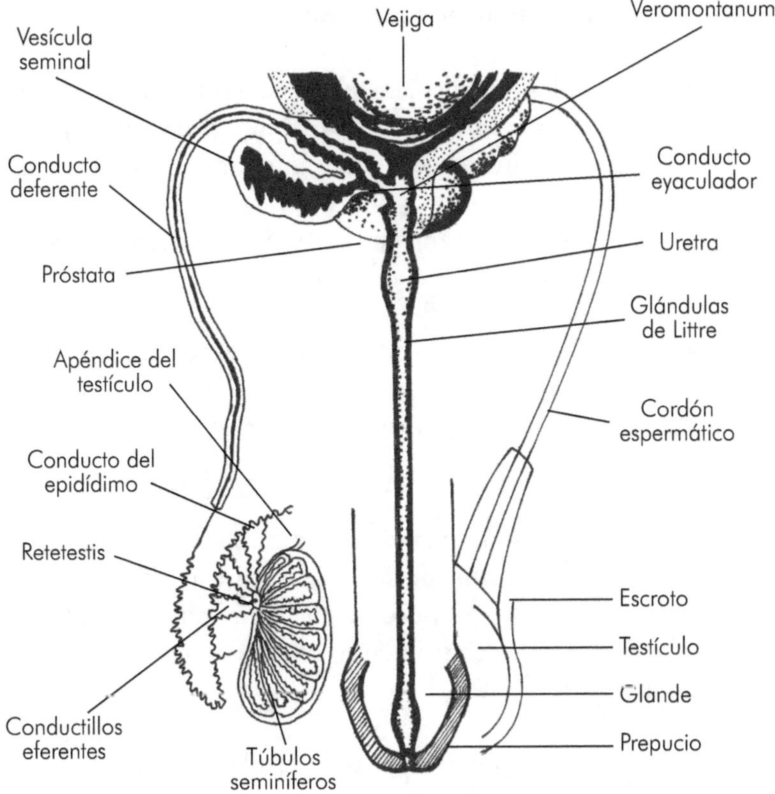

Figura 3. Esquema de los órganos genitales masculinos.

unido al glande por una banda de tejido situada en la superficie inferior del mismo llamada *frenillo*.

El tacto y las caricias de todo el pene y del glande en particular tienen una sensibilidad especial, que la hacen una de las zonas más excitables desde el punto de vista sexual, del cuerpo del varón.

La figura 3 ofrece una representación esquemática de los órganos genitales masculinos.

Anatomía de los genitales femeninos

La visión directa de los genitales femeninos no resulta tan evidente como en el varón. Permite apreciar el vello del monte de Venus, prominencia célulo-adiposa situada en la parte anterior del pubis femenino y la vulva.

Si nos acercamos más a la zona de la vulva, apreciaremos una serie de elementos que se detallan en la figura 5.

- Los *labios mayores,* que son dos pliegues cutáneos longitudinales ligeramente pigmentados, que suelen estar recubiertos de vello. En su parte anterior conforman el *monte de Venus,* recubierto también de vello.

- Si separamos los labios mayores, apreciamos la presencia de los *labios menores,* en forma de dos pliegues situados por dentro de los labios mayores, revestidos de una membrana mucosa, igual que la de la vagina, que se unen en su parte anterior en una zona prominente: el *clítoris*.

- El *clítoris* es un importante elemento en la excitación sexual de la mujer. Consta de un cuerpo y de una cabeza o glande, que es la parte que queda expuesta y la que más terminaciones ner-

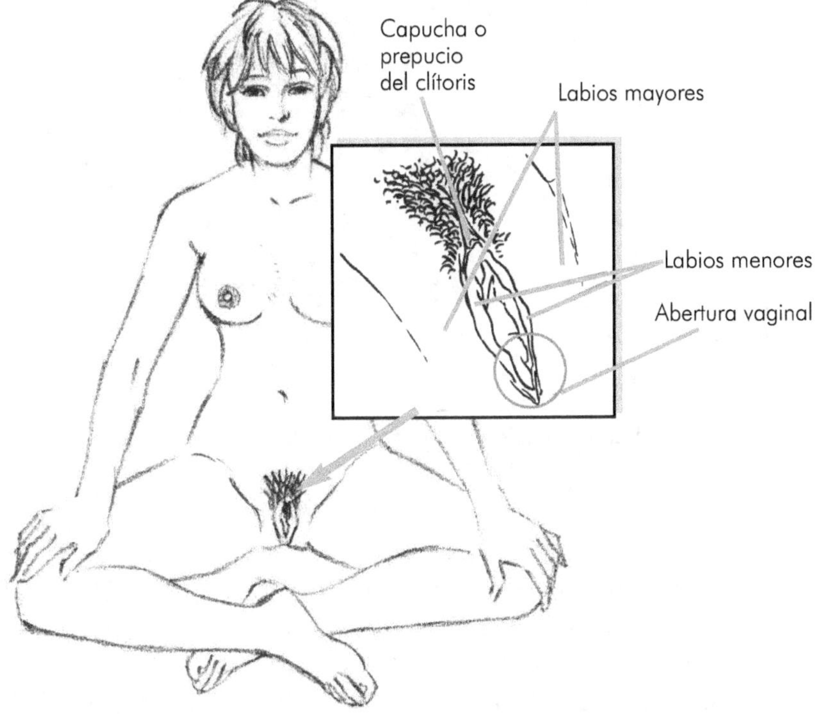

Figura 4. Los genitales externos de la mujer.

viosas tiene, de ahí su gran excitabilidad sexual. Se halla recubierto por el *capuchón del clítoris*. El clítoris, aunque discretamente escondido, es fácil de detectar, basta con separar con dos dedos los grandes labios para que aparezca su capuchón. Si éste se echa suavemente hacia atrás con las yemas de los dedos aparecerá un cuerpo pequeño, liso y redondo; es la cabeza o glande del clítoris.

- Entre los labios menores, aparecen dos orificios. El orificio superior es el *meato urinario*, que constituye la parte final de la uretra femenina y comunica la vejiga urinaria con el exterior.

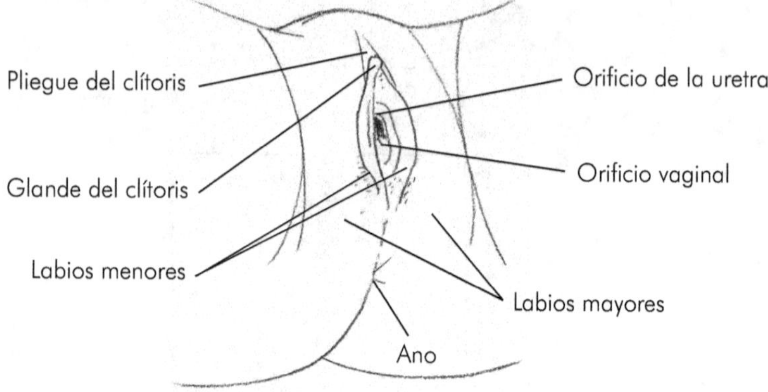

Figura 5. Representación esquemática de los órganos genitales femeninos externos.

- El orificio inferior es el inicio de la *vagina,* el conducto músculo-membranoso destinado a recibir al pene durante el coito, y que finaliza en el cuello del útero. Entre las funciones de la vagina se encuentra la secreción de flujo que facilita la penetración del pene, además de actuar como una barrera para las infecciones. Cerca de la abertura vulvar de la vagina, se encuentran las *glándulas de Bartolino*, cuya función es ayudar a lubricar la vagina para facilitar el coito.

- Por último, en el surco interglúteo, se encuentra el *ano*, una zona también muy inervada y valorada, desde el punto de vista sexual.

Mención especial merece el llamado «punto G», en honor a Grafenberg, su descubridor. Se trata de una pequeña área situada en la parte media de la *vagina anterior,* que posee la característica de estar extraordinariamente inervada, por lo que su estimulación facilita enormemente la consecución del orgasmo femenino.

Algunas veces, durante la estimulación del punto G, la uretra chorrea un líquido claro, similar al que produce la próstata masculina y

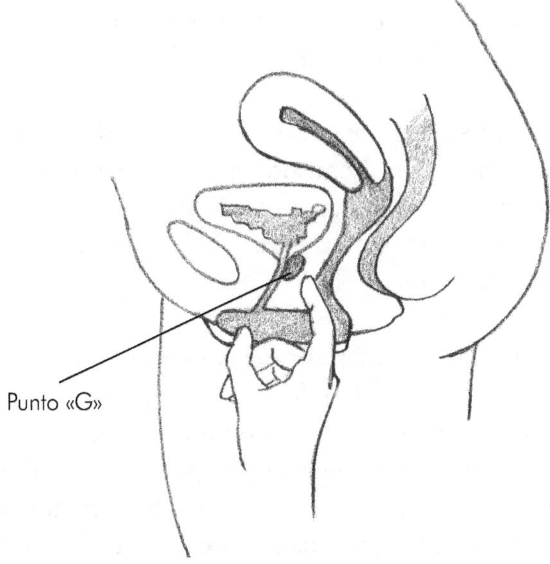

Figura 6. Localización del «punto G» en el tercio medio de la pared anterior de la vagina.

que compone la porción líquida del semen; aproximadamente, un 10 % de las mujeres producen este líquido de una manera similar a la eyaculación del varón.

Además de los comentados, existen también una serie de órganos genitales femeninos *internos*, no relacionados con la excitación sexual:

- El *útero* es el órgano de gestación; está ubicado en el centro de la pelvis, entre la vejiga urinaria y el recto. Tiene forma de pera y se sitúa por encima de la vagina. Se divide en tres segmentos:

  - El *cuello uterino*, que contacta con la porción posterior de la vagina.
  - El *cuerpo uterino*, cavidad en la que desembocan las trompas uterinas. Tiene una gran capacidad para agrandarse y adaptarse al feto durante la gestación.

– El *fondo del útero*, porción superior convexa del útero desde donde parten las trompas uterinas.

• Las *trompas uterinas* o *trompas de Falopio* son dos estructuras tubulares, de entre 10 y 12 cm, situadas en la parte superior del útero, una a cada lado. Su función es transportar el óvulo desde los ovarios hasta la cavidad uterina, donde se implantará en el caso de ser fecundado.

• Los *ovarios* son los órganos encargados de fabricar y liberar el *óvulo*, en la fase de ovulación. Se sitúan en el extremo lateral de cada trompa y producen, además de los óvulos, las hormonas sexuales femeninas, los estrógenos y la progesterona, esenciales para que se produzca la ovulación, el ciclo menstrual femenino y los caracteres sexuales secundarios (tono de voz femenino, ausencia de vello en la cara en comparación con el hombre, menor masa muscular, disposición especial de la grasa corporal, mayor tamaño de las mamas, etc.), entre otros muchos procesos.

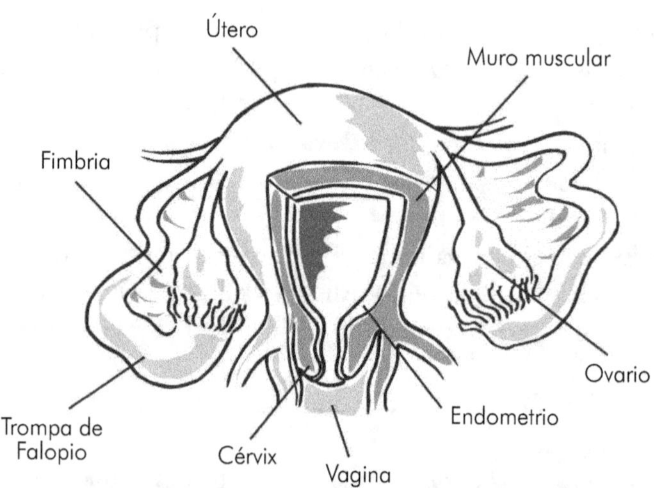

Figura 7. Representación esquemática de los órganos genitales femeninos internos.

Las zonas erógenas no genitales

Las zonas genitales no son las únicas que poseen capacidad de producir estímulos eróticos. Existen muchos puntos fuera del área genital del hombre y de la mujer con capacidad para generar estímulos sexuales:

El *cabello*, cuando es acariciado con suavidad por la yema de los dedos, especialmente en la zona de la nuca.

La *cara*, cuando es estimulada adecuadamente con las manos, los labios o la lengua, especialmente en la boca, los labios, sus comisuras, y la lengua. Pero también en la frente, las orejas, los orificios nasales, las aletas de la nariz, los párpados...

Figura 8. En determinados momentos, cualquier parte del cuerpo del hombre o de la mujer puede transformarse en una zona erógena.

El *cuello* es una zona muy erógena, cuando es acariciado o besado con la suavidad y consistencia adecuadas.

Todo el *tronco* puede considerarse una zona erógena, sobre todo los *pechos,* los *pezones* y la zona de la *areola mamaria,* tanto en el hombre como en la mujer. También la *espalda* o el *abdomen,* en especial si lo son como preludio conocido del estímulo de otras zonas deseadas.

También los *dedos* de las manos y de los pies despiertan estímulos eróticos cuando son acariciados, besados o lamidos, así como las *manos,* los *brazos,* ya sea por su parte interior o exterior, las *pantorrillas,* los *muslos,* la *parte interior de los muslos,* los *glúteos,* el *ano,* etc.

En realidad, todo el cuerpo del hombre y de la mujer está perfectamente inervado para que distintos estímulos como el tacto más o menos intenso, los tocamientos, masajes, besos y caricias de todo tipo se transformen en estímulos eróticos, si son deseados y aceptados.

Las vías de conducción de la sensibilidad sexual y el cerebro

Los estímulos realizados en los genitales o en cualquier otra zona erógena llegan al cerebro a través de los nervios sensitivos y de la médula espinal.

También llegan al cerebro: los estímulos *olfativos,* en forma de perfumes externos o del propio cuerpo; estímulos *auditivos,* en forma de palabras o de música adecuada; estímulos *táctiles,* en forma de caricias; estímulos *visuales,* ya sean fotografías, películas, vídeos, lo que vemos en un determinado momento, o simplemente la imaginación, en forma de *fantasías sexuales,* recordando o imaginando momentos eróticos especialmente agradables e intensos.

Si el cerebro considera que el tipo y la intensidad de la suma de los distintos estímulos son suficientes, desencadenará los cambios bioquímicos y hormonales pertinentes para que aparezca el orgasmo. De otra forma, no se producirá (véase la figura 9).

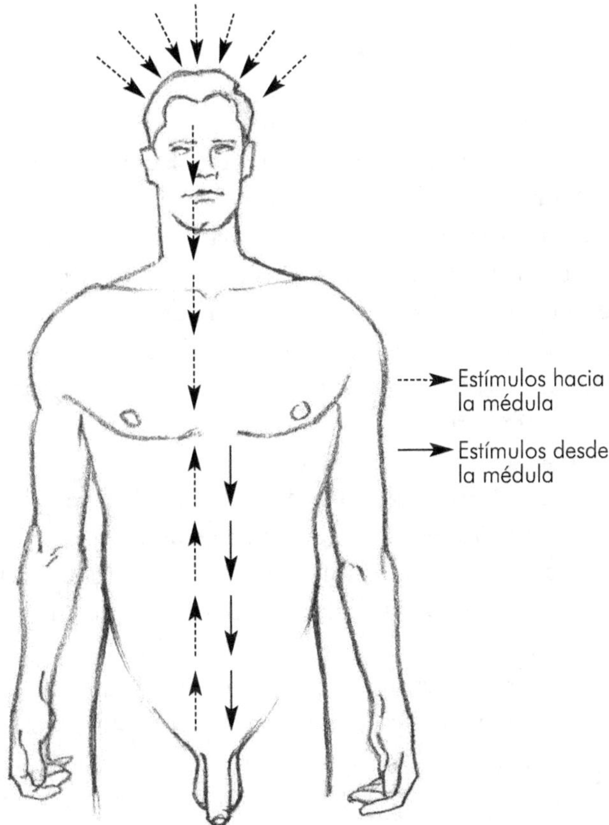

Figura 9. Esquema de cómo llegan al cerebro los estímulos sexuales táctiles a través de los nervios y la médula espinal o de la imaginación, de la vista, del olfato y del oído. El cerebro los clasifica como agradables o no, y como suficientes o no en determinado período de tiempo, para desencadenar el orgasmo.

De esta forma, el cerebro se transforma en el órgano más importante desde el punto de vista erótico, pues tiene la capacidad de catalogar un mismo estímulo como agradable, irresistible o desagradable, en función de lo que determinen sus emociones, sentimientos, deseos, recuerdos, formación sexual, imaginación, experiencias previas, la pareja que los produce, etc.

El orgasmo y sus fases

El orgasmo es la consecución del grado máximo de placer sexual. Se manifiesta por profundas oleadas de placer y numerosos cambios físicos y psicológicos.

Para un mejor estudio y una mayor compresión del orgasmo, los sexólogos lo han dividido en distintas fases que se desarrollan en tiempos diferentes para cada persona, sin que la presencia de una determinada fase asegure forzosamente la aparición de la siguiente. Las cuatro fases que describen son: excitación, meseta, orgasmo y resolución o fase refractaria.

- *Fase de excitación.* Aparece en cada inicio de estimulación sexual. Puede comenzar en el cerebro como respuesta a pensamientos, fantasías sexuales, miradas, deseos, imágenes, recuerdos de otros episodios de estimulación sexual, etc., que uno quiere ver satisfechos.

  A esta estimulación psíquica se suman otros estímulos táctiles, olfativos, auditivos, visuales, y dérmicos, provenientes principalmente de la estimulación de cualquiera de las zonas erógenas comentadas, sean o no genitales. Estos estímulos se dirigen, a través de los nervios sensitivos de la zona estimulada, hacia la médula espinal, donde ascienden hasta llegar al cerebro. Allí, se van acumulando en virtud de su intensidad y frecuencia, hasta alcanzar un determinado umbral, en el que se inicia la siguiente fase, la de meseta.

- *Fase de meseta.* La excitación se estabiliza o asciende discretamente, durante un espacio de tiempo que puede prolongarse más o menos, en función de cada persona y de las necesidades y del control que ejerza sobre el mismo. El individuo es más sensible a las caricias y los estímulos sexuales, disfrutando con el juego amoroso hasta que se desencadena el orgasmo.

- *Fase de orgasmo.* El hombre y la mujer pierden el control de su propio cuerpo. De manera automática, se desencadena una serie de reacciones: el corazón late con más fuerza y frecuencia; la respiración se hace más rápida, ruidosa y profunda; existe una mayor sudoración y se experimentan contracciones y espasmos musculares por todo el cuerpo, especialmente en la parte inferior de la pelvis (ano, y vagina o pene), que terminan en un estado de postración que los franceses llaman la *petite morte,* por el intenso estado de relajación en el que sume a la persona.

- *Fase de resolución o refractaria.* Después del orgasmo, el grado de apetito y excitación sexual desciende bruscamente, hasta niveles similares a los anteriores a la fase inicial de excitación. En esta fase, la persona, sobre todo el varón, responde escasamente a estímulos sexuales durante un período más o menos largo de tiempo, que depende de la edad, el estado físico y psíquico, la frecuencia con la que se mantienen relaciones sexuales, etc.

Es importante saber que mientras que el varón puede alcanzar las cuatro fases en un tiempo mínimo medio de unos dos minutos, la mujer suele tardar al menos unos doce minutos para alcanzar la fase de orgasmo. De ahí que, si no queremos que exista un «desencuentro»

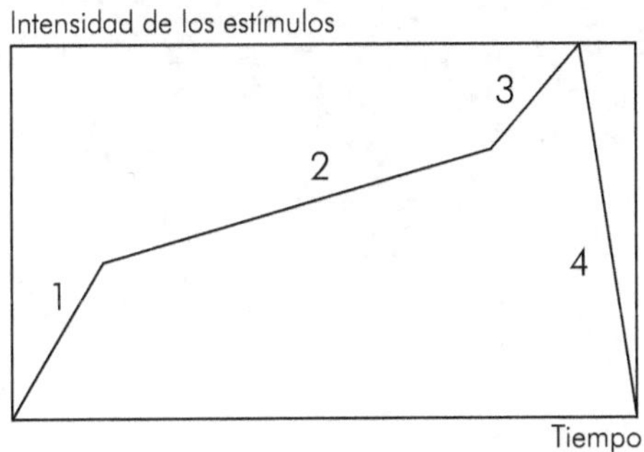

Figura 10. Representación gráfica de las distintas fases del orgasmo: (1) excitación; (2) meseta; (3) orgasmo; (4) resolución o refractaria.

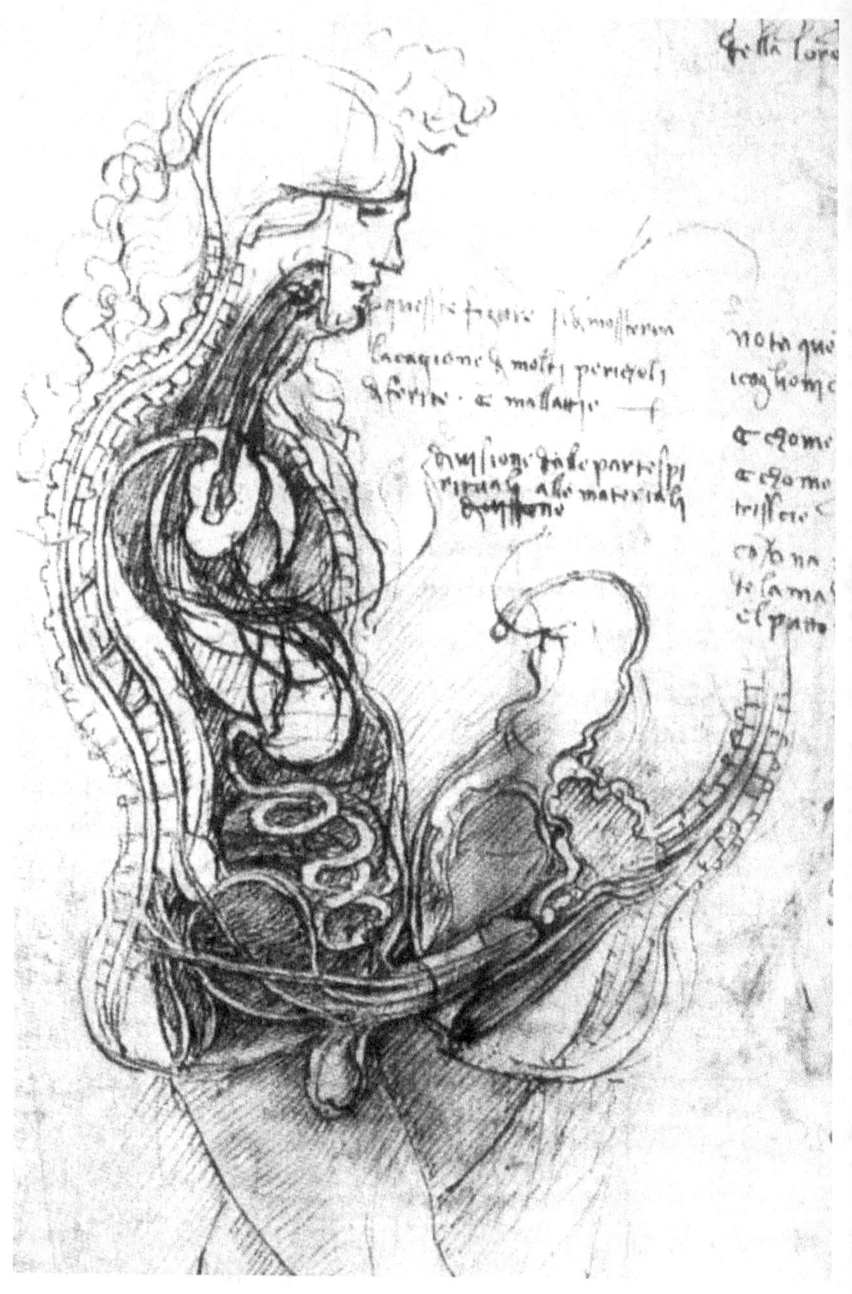

Figura 11. Anatomía del coito humano según un grabado
de Leonardo da Vinci (ca. 1500).

entre ambos, y que la mujer no llegue al orgasmo, se deba dar «ventaja» en la intensidad, frecuencia y duración de los estímulos que recibe la mujer.

Para que la mujer alcance el orgasmo, el hombre debe prolongar su recorrido rápido natural. Ella, por su parte, debe intentar «abandonarse», evitando cualquier control represivo sobre los estímulos deseados que más la excitan, lo que facilitará su orgasmo.

La figura 10 esquematiza las distintas fases del orgasmo, valorando la intensidad de los estímulos en la escala del eje vertical y la duración de los mismos en la del eje horizontal.

Consecución del orgasmo

Cualquier excitación y estímulo sexual, ya sea autoinducido por medio de la masturbación, de relaciones homosexuales o heterosexuales, es capaz de producir un orgasmo, si quien lo practica acepta dichos estímulos sin reservas y se le da el tiempo, la calidad y la intensidad suficiente.

En el hombre suele ser fácil provocar un orgasmo. Basta con estimular su pene, ya sea manual, oral o vaginalmente.

En la mujer puede ser más difícil, pues algunas, las mujeres anorgásmicas, no lo han conseguido nunca. La mujer puede alcanzar el orgasmo a través del coito, de la estimulación vaginal, del clítoris, del ano, de las mamas, de la vulva... A algunas les basta con que les acaricien los senos al tiempo que evocan fantasías sobre el sexo. Otras precisan un contacto directo y prolongado de sus zonas erógenas, fundamentalmente el clítoris, el «punto G» vaginal, la vagina y los senos.

Cada persona tiene una capacidad orgásmica distinta, desde las que no lo han alcanzado nunca, o experimentan orgasmos poco satisfactorios, hasta aquellas que han aprendido a provocarlos y controlarlos, y pueden tener múltiples orgasmos en cada relación sexual.

Veamos ahora los principales cambios físicos que se producen en las distintas fases del orgasmo tanto en el hombre como en la mujer, y las características específicas diferenciales en cada uno de ellos.

Principales cambios físicos en las fases orgásmicas

En cada una de las fases del orgasmo, se producen cambios físicos y psicológicos importantes. Los físicos se basan en alteraciones localizadas en determinados territorios, donde aumenta la irrigación sanguínea, y en la emisión de fluidos.

En el hombre

Siguiendo el esquema de las cuatro fases en las que hemos dividido el orgasmo (excitación, meseta, orgasmo y resolución), en el hombre tienen lugar estos cambios en cada una de ellas:

Fase de excitación

Se produce un incremento de la tensión muscular en todo el cuerpo. Aparece rubor en la piel, que se hace más sonrosada y sensible a las caricias; se incrementa discretamente el volumen salivar en la boca y la saliva se torna fluida y acuosa; aparece una leve sudoración por todo el cuerpo, así como un cosquilleo generalizado, más intenso y sensible en los pezones, que presentan una erección manifiesta; se aprecia una tumefacción de los labios e incluso hinchazón de los testículos.

Además, la frecuencia cardíaca y la respiratoria se aceleran, incrementándose también la intensidad de los latidos del corazón y la profundidad de las respiraciones, lo que da paso a una respiración jadeante y a suspiros de distinta frecuencia e intensidad. La presión sanguínea también se incrementa.

Los cambios más importantes se producen en el pene. Se traducen principalmente en progresivos incrementos de volumen y de tensión, hasta que se produce la erección.

La erección se produce porque los tejidos esponjosos del pene, los llamados cuerpos cavernosos, se llenan progresivamente de sangre en respuesta a los estímulos físicos (táctiles, de tocamiento, presión, besos, olores, palabras, imágenes, etc.) o mentales (pensamientos, ideas, imágenes, palabras, sonidos, etc.). Estos estímulos suelen actuar de forma combinada, de manera que los físicos potencian a los mentales y viceversa.

La entrada de sangre en el tejido eréctil del pene se traduce en un aumento de la presión en éste, lo que incrementa su tamaño y endurecimiento, al tiempo que se dificulta el retorno venoso por oclusión parcial de la vena dorsal del pene, que potencia todavía más este mecanismo. Todo ello se manifiesta en forma de erección de un pene de mayor tamaño y consistencia que en estado de reposo.

Al mismo tiempo que se produce la erección, comienza a fluir del glande un líquido lubricante que facilita el deslizamiento del prepucio sobre éste (véase la figura 12).

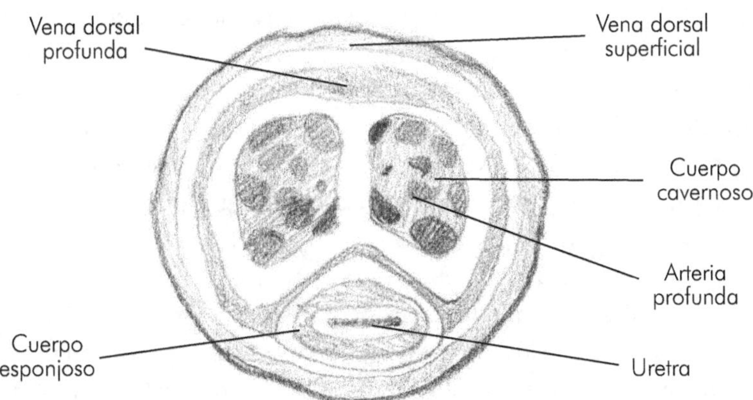

Figura 12. Esquema del pene seccionado de forma transversal. La erección se produce como respuesta a un aumento de sangre en los cuerpos cavernosos, lo que, a su vez, dificulta el retorno venoso al comprimir la vena dorsal del pene e incrementa la presión de éste. Como resultado de estos cambios aparece la erección.

Fase de meseta

En esta fase, el hombre mantiene las características reseñadas en la fase de excitación. El pene permanece erecto y todo su cuerpo sigue siendo más sensible que habitualmente a cualquier tipo de estimulación erótica.

Se trata de una fase muy importante, pues de su duración depende la posibilidad de prolongar en el tiempo el estado placentero del varón que la disfruta y el que la pareja sexual disponga del tiempo suficiente para alcanzar su orgasmo. El varón debe ser consciente de este proceso, y aprender a valorar y controlar el tipo e intensidad de los estímulos sexuales que da y que recibe durante esta fase, manteniéndola durante más o menos tiempo, en función de sus deseos y los de su pareja.

Fase de orgasmo

Cuando el estímulo sexual resulta suficientemente intenso, determinados centros cerebrales activan los centros nerviosos de la médula, los cuales mandan impulsos a los órganos genitales. Esto provoca la contracción del conducto deferente y la ampolla y la expulsión de esperma, que se sigue de contracciones de las vesículas seminales y de la capa muscular de la próstata, que expele el líquido seminal y el prostático. Todos estos líquidos se mezclan con el moco ya secretado por las glándulas bulbo-uretrales para formar el esperma.

Las señales provenientes de la médula sacra excitan más aún la contracción rítmica de los órganos genitales internos y producen también la contracción de los músculos esquiócavernosos y el bulbo cavernoso que comprimen la base del tejido eréctil del pene. Las contracciones son más intensas en los músculos de la base y del tronco del pene, alrededor del esfínter anal, y en los músculos del recto. Estas contracciones pueden provocar que el esperma se dispare o simplemente gotee, dependiendo de las condiciones de los músculos, el tiempo de la última eyaculación y el volumen del fluido que se ha acumulado durante las fases previas de excitación sexual.

Al mismo tiempo, se producen contracciones rítmicas de los músculos de la pelvis que empujan ésta y el pene hacia adelante.

En esta fase aumenta un poco más el ritmo del corazón, que puede alcanzar las 140 pulsaciones por minuto, comparadas con las 60 a 90 de la fase de reposo. También aumenta el número de respiraciones, de 25 a 30 por minuto, y la presión sanguínea.

Los músculos de todo el cuerpo se tensan y el cuerpo puede ponerse momentáneamente rígido en el instante anterior al orgasmo, el cual se acompaña, a veces, de muecas faciales y guiños involuntarios.

Fase refractaria

En el varón, el período refractario es el que sigue a la eyaculación. Durante el mismo, no puede procesar como placenteros los estímulos sexuales que recibe. Es físicamente incapaz de lograr otra erección y, por tanto, de tener otra penetración y otro orgasmo. Pierde casi totalmente su deseo sexual.

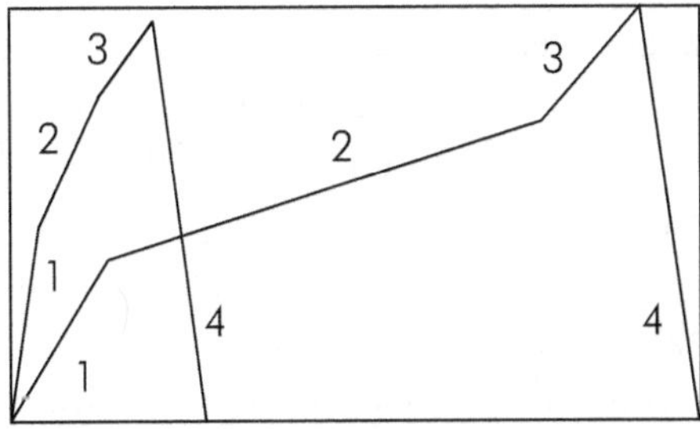

Figura 13. Perfil de un varón con eyaculación precoz, y de un varón con fases y duración normales del perfil orgásmico. En general, mientras el primero presenta todas las fases de su orgasmo en un tiempo inferior a los dos minutos, en el segundo estas fases se prolongan durante más tiempo.

En general, esta fase es más duradera cuanta mayor edad o peor estado físico tiene el varón; por el contrario, puede reducirse si en los días anteriores no ha habido eyaculación.

En la figura 13 se representa gráficamente el perfil teórico de un varón con eyaculación precoz y de otro con un perfil orgásmico normal. El primero tiene una fase de excitación muy rápida y una fase de meseta casi inexistente, que lo lleva rápidamente al orgasmo.

En el varón, estas fases tienen, normalmente, una duración más prolongada.

En la mujer

Obviamente, en el cuerpo de la mujer también se producen cambios durante las fases del orgasmo. Veamos los más importantes.

Fase de excitación

En el hombre, los principales cambios que ocurrían en esta fase tenían como objetivo la erección del pene; en la mujer, en cambio, los cambios se producen fundamentalmente para preparar la vagina para recibirlo.

Esta fase se desencadena por medio de estímulos cerebrales en forma de recuerdos, pensamientos, estímulos auditivos, visuales, olfativos, etc., así como por la estimulación física de cualquiera de sus zonas erógenas, sean o no genitales.

Casi cualquier estimulación sexual puede excitar a la mujer, estímulos orales, anales, táctiles de la vulva y el clítoris, la estimulación de los genitales a través de la ropa, o bien directamente, la caricia o la presión de los senos, o la sola fantasía sexual.

Es importante respetar los deseos de las personas, sobre todo el de la mujer en esta fase de su orgasmo; hay que considerar la forma, el lugar y la intensidad en que ésta desea que se produzcan los estímulos.

Si no son de su agrado, o no está de acuerdo con ellos, o no está preparada psicológicamente para la estimulación de determinada zona, opondrá una defensa que dificultará el buen desarrollo de esta fase y el paso a la siguiente. Así pues, las variantes de excitación en la mujer son tan diversas como sus gustos personales, y todas ellas aceptables si se realizan de forma voluntaria y, además, son eficaces.

Durante esta fase y como en el varón, se produce un incremento de la acumulación de sangre en la piel, la boca, los labios, los pezones y los senos y los órganos genitales.

La piel se hace más sensible a las caricias. Los senos aumentan de tamaño, los pezones se ponen erectos y la areola o área pigmentada de alrededor de éstos se hincha y se hace más sensible.

La vagina, debido a la congestión de sangre en sus paredes y en los tejidos blandos, disminuye de tamaño, con lo que se incrementa la presión y el posible roce sobre el pene. Estos cambios también motivan

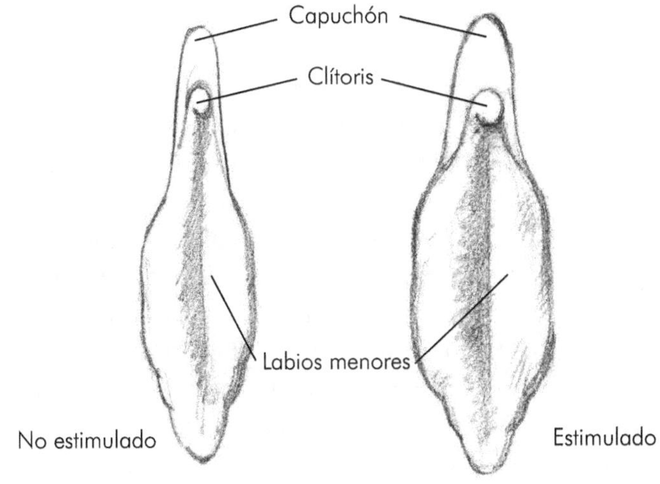

Figura 14. Representación de los cambios en la vulva y en el clítoris durante la fase de excitación. La acumulación de sangre en la vulva se traduce por una congestión de los labios y del clítoris, que permanece más cubierto por su capuchón.

un incremento de la lubricación vaginal, a pesar de carecer de glándulas, causada por trasudación de líquido a través de sus paredes.

El clítoris y los labios menores también se hinchan, y como consecuencia de ello, los labios mayores se abren más y la abertura vaginal deviene más accesible y prominente (véase la figura 14).

Fase de mantenimiento

Los cambios descritos permanecen durante la fase de mantenimiento, en los que la mujer es cada vez más sensible a las caricias y a todo tipo de estímulos sexuales y eróticos. Esta fase puede prolongarse más o menos en el tiempo, hasta que un incremento en el número, la intensidad o la frecuencia de los estímulos le induzca el orgasmo.

Fase de orgasmo

Cuando el tipo y la intensidad de los estímulos sexuales que recibe y que son transportados hacia la médula y el cerebro son suficientes, se libera una serie de hormonas y sustancias químicas que dan lugar a la aparición del orgasmo.

El orgasmo femenino no es tan evidente como el masculino, pero cuando aparece, los latidos del corazón se hacen más frecuentes e intensos que en la fase de mantenimiento, la respiración más fuerte y ruidosa, aparece más sudoración por todo el cuerpo, a la vez que en la boca la saliva se torna más abundante y fluida. Se producen también unas contracciones musculares rítmicas que se dejan sentir con especial intensidad en la vagina y el ano.

Los músculos pélvicos experimentan también una serie de contracciones rítmicas y placenteras. Las primeras contracciones musculares son más intensas y ocurren con una frecuencia aproximada de una por segundo. Un orgasmo moderado puede tener de 3 a 5 contracciones; uno intenso, de 10 a 15.

Los demás músculos también pueden contraerse durante el orgasmo, de manera que el cuerpo se pone rígido momentáneamente durante el cenit del orgasmo y después cae en una profunda relajación.

Fase de resolución

Una vez producido el orgasmo, el cuerpo entra en una fase de relajación, tranquilidad y bienestar que puede durar de 5 a 60 minutos. En ella, la vagina, los senos, los labios mayores y menores y el clítoris pierden volumen y se desentumecen debido al incremento de la salida de sangre venosa de dichos órganos.

En este punto la mujer se encuentra relajada, tranquila y satisfecha. La mayor parte de las mujeres después del orgasmo precisarán tener un descanso, pero éste no necesita ser tan prolongado como en el hombre; de manera que esta fase refractaria no lo es tanto y puede volver a sentir y a disfrutar casi de inmediato con nuevos estímulos eróticos. Por este motivo, muchas mujeres disfrutan de orgasmos múltiples. Para conseguirlo, es preciso reiniciar pronto los estímulos eróticos, a fin de que éstos se eleven de nuevo hasta el nivel orgásmico.

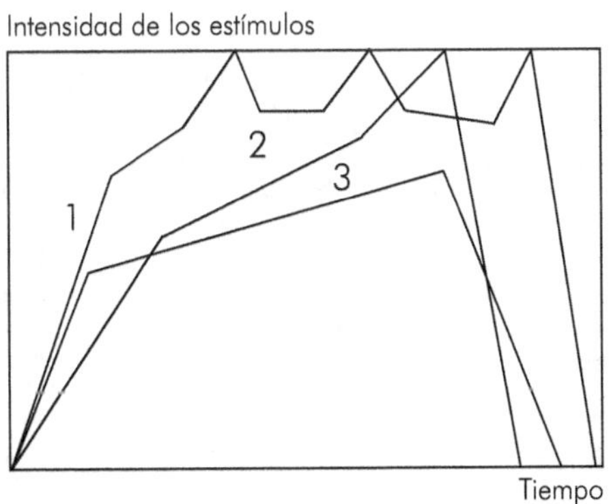

Figura 15. Representación gráfica de distintos perfiles orgásmicos en la mujer: (1) poliorgásmica; (2) orgásmica y (3) anorgásmica.

Otras mujeres, en cambio, pueden tener problemas para experimentar siquiera un solo orgasmo en toda su vida. En ellas, las fases de excitación y de mantenimiento no son lo suficientemente intensas y duraderas para que éste aparezca.

Si el orgasmo no se produce, y por lo tanto, tampoco la posterior relajación, la turgencia en la vagina, los senos, los labios mayores y menores y el clítoris, permanece durante más tiempo; esto se debe a que la sangre continúa atrapada en los órganos pélvicos, lo que se traduce en una sensación de pesadez e incomodidad.

La figura 15 representa estos hechos esquemáticamente.

Diferencias entre el orgasmo masculino y el femenino

Es obvio que no existen dos personas, sean hombres o mujeres, que reaccionen con idéntica fuerza e intensidad a los mismos estímulos eróticos, de manera que resulta lógico pensar que tampoco existe una receta única eficaz para todas las personas o las parejas. Además, sabemos que hay diferencias importantes entre el orgasmo masculino y el femenino. Veamos en concreto cuáles son.

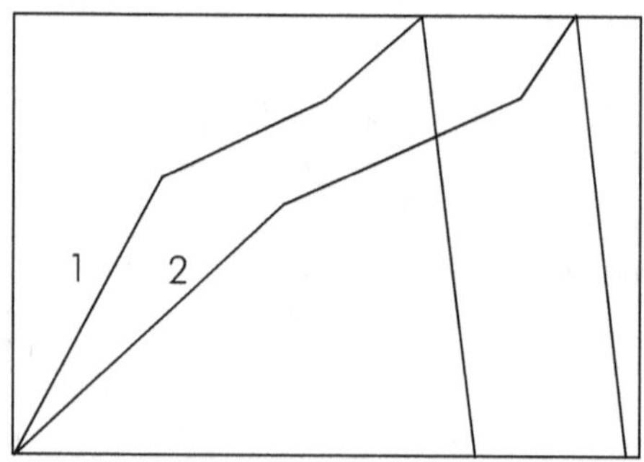

Figura 16. Representación gráfica del perfil orgásmico de un varón (1) y de una mujer (2). La mujer suele precisar más tiempo para alcanzar el orgasmo.

- En el **hombre,** la suma de estímulos en la fase de excitación y meseta puede ser «eficaz» muy rápidamente. En un mínimo de dos minutos, puede alcanzar el orgasmo y la eyaculación, y poco después la flacidez del pene, lo que retarda o anula la posibilidad inmediata de una nueva erección.

  Puede alcanzar orgasmos múltiples; sin embargo, para ello, debe «controlar» su respuesta sexual, evitando la eyaculación hasta el momento preciso que lo desee, y entonces liberarla.

- En la **mujer,** los perfiles orgásmicos suelen ser distintos a los del varón. Sus fases de excitación y de meseta acostumbran a tener un incremento menos agudo y más lento, y precisan, como mínimo, quince minutos. Si no se tiene en cuenta este detalle, puede no llegar nunca al orgasmo.

  Por otro lado, el orgasmo femenino no se sigue de un período de tiempo prolongado de fase refractaria, sino que puede volver a sentir los nuevos estímulos eróticos que reciba y llegar fácilmente a un nuevo episodio orgásmico. Algunas mujeres saben cómo prolongar este estado y conseguir orgasmos consecutivos, a medida que la estimulación sexual se mantiene o aumenta. Para ello, la mujer multiorgásmica debe «abandonarse» a los estímulos.

La capacidad para encadenar más de un orgasmo, o *multiorgasmia*, es algo potencialmente compartido por muchas mujeres y algunos hombres. Precisa un aprendizaje (mejor si es en pareja), para entender y aceptar el objetivo multiorgásmico de una manera racional, lo que permite una importante implicación afectiva y emocional y que se respeten las indicaciones de intensidad y estimulación de ambos, en este caso, sobre todo del hombre, pues precisa un mayor control de su cuerpo. La figura 16 expresa gráficamente estas diferencias. Este esquema de estimulación teórico muestra claramente que para que la mujer alcance su orgasmo, el varón debe retardar sus fases y acortar las de su pareja.

El necesario preludio amoroso

El preludio amoroso, entendido como las actividades que realiza la pareja antes del coito, es esencial, entre otras cosas, para dar tiempo a la mujer a incrementar su deseo sexual y para darle «ventaja» a fin de que acumule estímulos que la acerquen a la consecución del clímax u orgasmo. El varón debe intentar controlarse en esta fase evitando la excitación de sus zonas sexuales más sensibles, «conformándose» y centrándose en otras con menor potencial erógeno.

Cada acto sexual debería ser distinto al anterior, pues el preludio amoroso no sigue unas pautas fijas, no hay un manual para cumplirlo a rajatabla.

Analicemos el ejemplo de la figura 16. Es evidente que la mujer no habría alcanzado nunca su orgasmo, pues el varón se lo habría impedido con la precocidad del suyo.

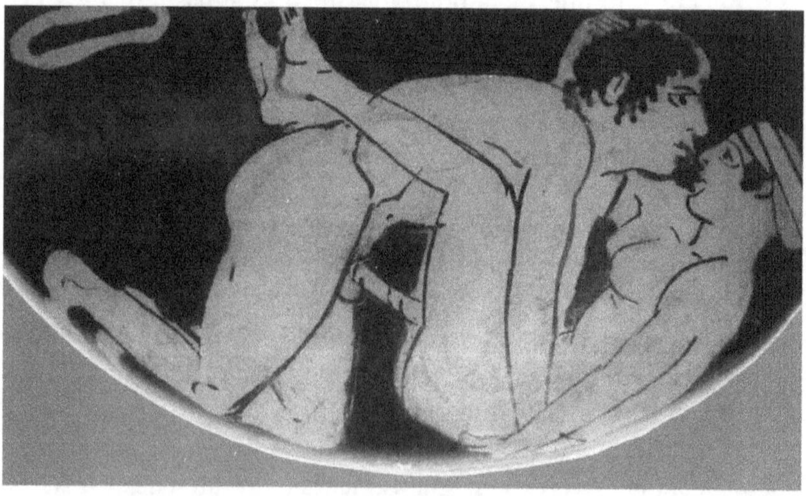

Figura 17. El arte erótico griego (que tuvo su apogeo hacia los años 575-450 aC) nos ha dejado numerosas escenas amorosas. En la imagen, una escena coital representada sobre una vasija.

Todo vale en el preludio amoroso, si la pareja sexual está de acuerdo. El preludio puede iniciarse incluso días antes del encuentro sexual, eligiendo el lugar y el momento más adecuados, la forma de vestirse o de desvestirse, la ambientación, el perfume, la música…; también cuentan las miradas, la comida, los temas de conversación, las palabras y el tono en que se expresarán, etc.

Los gustos y elecciones de cada pareja harán de cada encuentro sexual algo personal e intransferible. Puede incluso afirmarse que un preludio sexual adecuado y prolongado es una garantía de satisfacción física y psíquica del acto sexual posterior.

Ambos deben conocerse en el campo sexual, aceptarse, pedir lo que realmente deseen en cada momento, y aunar esfuerzos para que estas peticiones no lesionen deseos y sensibilidades personales.

Todo el cuerpo es, en determinado momento, una «zona erógena»: la frente y sus surcos, los párpados, la nariz, las zonas colindantes a los orificios nasales, los labios y sus comisuras, las orejas, la nuca, el cuello, la parte anterior del tronco, el abdomen, la espalda, los glúteos, el ano, las piernas, las manos, los pies, los dedos…, por supuesto, si la estimulación se hace cariñosamente, dulcemente, con respeto, de la forma adecuada y con la colaboración de la pareja.

Los pechos y genitales externos deberían formar parte de una «segunda fase de excitación», cuando las caricias, los besos, los masajes, las presiones, etc., hacen más deseable el contacto sexual en estas zonas, antes de culminar el coito.

No hay reglas en cuanto al tiempo que debe durar cada encuentro sexual o cada fase del mismo. Las circunstancias del momento y las personas son las que hacen de cada encuentro una vivencia distinta; sin embargo, su duración es un tema trascendente. Lo que para un miembro de la pareja es insuficiente, para el otro puede ser tedioso y aburrido. Aquí, como en todo, la comunicación sincera con el otro es esencial, pues tanto la prolongación del encuentro como su acortamiento excesivo, puede ser un motivo para no culminar con éxito la relación sexual, es decir, el orgasmo de ambos.

Capítulo 2
Erotismo y sexualidad

Para muchos, estos conceptos podrían entenderse como similares o de difícil diferenciación. Octavio Paz, el poeta y ensayista universal, abordó este tema en *La llama doble,* donde diferencia de forma clara y exquisita la sexualidad del erotismo. Para él, la **sexualidad** tiene como objetivo la reproducción de la especie, mientras que el **erotismo** tiene un fin en sí mismo, el placer por el placer.

En los animales, el sexo es repetitivo, se acoplan siempre del mismo modo y de la manera más rápida posible, pero esto no debería ser así en los humanos. La relación sexual humana tendría que ser siempre erótica, en absoluto mecanizada, y evitar la rutina de relaciones, monótonas, predictivas y finalmente aburridas.

Cada relación sexual debería estar presidida, al menos, por la imaginación, la sensibilidad y el deseo de satisfacer antes que de satisfacerse. El deseo de dar placer y felicidad, de disfrutar con el placer de la pareja sexual tanto como con el propio y ser, por tanto, de una variación incesante. La imaginación y los aditamentos no deberían tener límites (perfumes, aceites, palabras, imágenes, música, alimentos, caricias, posturas...).

Este concepto de erotismo, entendido como una fuente de placer sin buscar otros objetivos, no es un descubrimiento moderno en absoluto. El sexo ha sido desde siempre el motor del mundo, ensalzado por todas las manifestaciones artísticas: la literatura, la música, la cinematografía, el dibujo, la pintura, la escultura, la moda, la cocina, la lencería, los objetos eróticos y por los sentimientos culturales de todo un mundo centrado en el erotismo.

Figura 18. «La imaginación al poder», uno de los aforismos salvados del Mayo del 68 francés, es una regla de oro para el sexo.

Respecto a la **pornografía** existen infinidad de definiciones, algunas de ellas basadas en el límite de lo «tolerable» cultural y socialmente. Cada época histórica definiría como pornografía determinadas costumbres sexuales que serían admitidas como eróticas en otros tiempos. El singular director de cine Woody Allen dice de ella: «La pornografía es el erotismo de los demás». Según esto, encontraríamos pornográficas, no sin una buena dosis de ironía, algunas actividades sexuales que practican otros y definiríamos como erótico nuestro propio comportamiento.

Veamos desde cuándo y hasta dónde ha alcanzado la imaginación en el erotismo, en diferentes épocas y culturas.

El sexo taoísta y el sexo tántrico

Tao significa «camino» y, más que una serie de consejos sexuales, es toda una filosofía de vida, relatada por Lao-Tse, en su obra *Tao Te-King* o *Libro del Tao*.

El taoísmo tiene más de cinco mil años de historia. Nació en China y posteriormente se extendió por la India. El libro ha sido traducido a muchos idiomas, logrando resultados dispares, pues es de difícil interpretación. Veamos un ejemplo en su simple definición:

El Tao que puede conocerse no es el Tao.
La sustancia del mundo es sólo un nombre para el Tao.
Tao es todo lo que existe y puede existir.
El mundo es sólo un mapa de lo que existe y puede existir.

Las experiencias externas sirven para sentir el mundo,
y las internas, para comprenderlo.
Las dos experiencias son la misma dentro del Tao.
Son diferentes sólo entre los hombres.
Ninguna experiencia puede contener al Tao,
el cual es infinitamente más grande y más sutil que el mundo.

En sus páginas, se desgranan conocimientos y consejos que buscan la armonía personal, la felicidad y la longevidad.

El *tantra yoga* es también una tradición filosófica arraigada en distintas religiones de la India emparentadas con el Tao en sus raíces. La base del Tao se encuentra en el hinduismo, el budismo y el jainismo.

Así pues, el taoísmo y el tantrismo son una serie de conceptos filosófico-religiosos, con muchos puntos en común, que han superado la prueba del tiempo, tras miles de años de seguimiento por millones de personas, hasta la actualidad.

Figura 19. El taoísmo aconseja una excitación preliminar al coito prolongada, que permita una adecuada lubricación vaginal y un incremento del tamaño y de la consistencia del pene.

Constituyen una particular visión del mundo, no sólo del sexo, con implicaciones en la vida cotidiana. Buscan la armonía con uno mismo, con la pareja, con la sociedad en la que se vive y con el universo. Siguiendo esta filosofía, el ser humano puede liberar su pensamiento, cortando de raíz todo aquello que esclaviza su mente.

En lo que se refiere al sexo, taoístas y tantristas creen firmemente que la eyaculación debilita y resta energías al varón, y se las da a la mujer, pues ésta, durante el orgasmo, retiene los fluidos propios que segrega y también la eyaculación del varón.

Para el taoísta, el varón «pierde esencia» y envejece cada vez que eyacula. Por ello, los principios básicos del Tao en relación con el sexo masculino se basan en:

- La regulación de la eyaculación.
- La importancia de la satisfacción sexual femenina.
- Aceptar que el orgasmo masculino y la eyaculación no son necesariamente una misma cosa.

Estos puntos, rechazados en Occidente durante mucho tiempo, han ido aceptándose progresivamente, así como la forma de conseguirlos.

Ambas filosofías describen, hace ya miles de años, cómo el varón se excita fácilmente durante las relaciones sexuales –lo masculino es *yang*, es decir, activo y positivo–, pero también cómo puede perder esta excitación con la misma facilidad. Por lo tanto, debe aprender a prolongar el acto sexual y a reiniciarlo y repetirlo tantas veces como lo precise la mujer; lo femenino es *ying*, es decir, pasivo y negativo.

Los taoístas aconsejan una excitación preliminar al coito prolongada, que permita una adecuada excitación y lubricación vaginal en la mujer y un incremento del tamaño y de la consistencia del pene al iniciar la penetración. También aconsejan evitar, al inicio de la relación, las zonas erógenas más sensibles sexualmente, como los genitales femeninos o los pechos, así como la estimulación directa del pene y los testículos. Es importante comenzar por zonas alejadas de éstos, co-

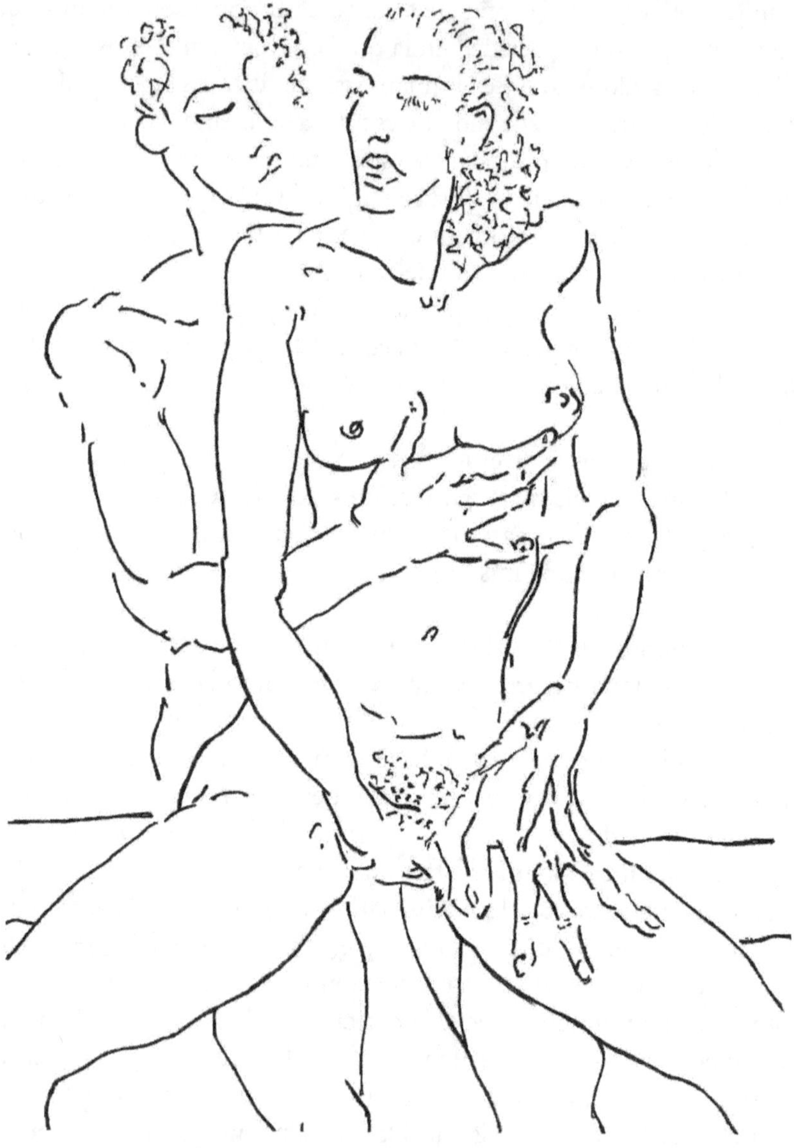

Figura 20. Cada relación sexual debe estar presidida por la imaginación, la sensibilidad y el deseo de satisfacer antes que de satisfacerse.

mo los pies o las manos, e ir ascendiendo muy poco a poco por las piernas y los brazos, con caricias y besos, hasta la espalda, la columna, el rostro, las orejas, las caras internas de los brazos y las piernas, etc.

El llamado *«coito reservatus»* ha sido ampliamente utilizado en Oriente desde hace miles de años, sin que haya afectado de manera adversa a la salud física, psíquica o sexual de sus practicantes. Su seguridad, por tanto, está demostrada. Su finalidad es no malgastar la energía del hombre, que voluntariamente reserva su eyaculación –y con ello su energía– sin dejar de obtener un especial e intenso orgasmo.

Según el Tao, que se avanza en miles de años a los conocimientos sexuales y psicológicos actuales, la mente, la respiración y la eyaculación están interconectadas. Cuando la respiración del varón es rápida y entrecortada, su eyaculación resulta inminente, por lo que éste, además de aprender a evitar o controlar los estímulos eróticos físicos y psíquicos, excesivamente intensos en cuanto a la provocación del orgasmo, deberá intentar controlar y ralentizar su respiración, ayudándose de su cerebro para reproducir los mensajes y las visiones que considere más adecuados para evitar la eyaculación.

Si el varón nota que la eyaculación está próxima, debe atenuar los ejercicios de excitación, dejar de actuar con las manos o la lengua en el cuerpo de su pareja, detener sus movimientos inmediatamente y retirar su miembro de la vagina, si lo considera preciso y estuviera dentro de la misma, y apretar con los dedos el borde del glande para evitar la eyaculación. Posteriormente, cuando su grado de excitación haya disminuido, puede reemprender, de forma más calmada, la estimulación de su pareja y el coito.

El coito prolongado incrementa el placer de la pareja, de ambos. El orgasmo tántrico transmuta la explosión seminal, con una eyaculación que considera inútil y que desgasta al varón, en una implosión orgásmica que dura varios minutos. Resulta esencial:

– Retardar o ralentizar el período de excitación masculino, al tiempo que se intenta acelerar el femenino.

- Evitar la estimulación de las zonas erógenas genitales del varón en determinados momentos, pero no en la mujer.
- Evitar la penetración sin permitir que la mujer haya llegado a la fase de excitación y de meseta, lo que precisa un mínimo de 10 a 15 minutos de estimulación y juego amoroso en todas sus zonas erógenas.
- Jugar con las zonas sexuales erógenas femeninas y evitar la estimulación de las masculinas, lo que retarda las fases de excitación y meseta del varón.

No es fácil dominar esta técnica, pues se precisa conocer algunas maniobras de control mental y de la respiración. Cuanto más lenta y profunda sea ésta, más control se tendrá sobre su excitación y sobre el juego sexual. Aparte de la respiración, el varón debe saber valorar el estado de su curva personal de excitación orgásmica, y detener su progresión en determinados momentos, sin que ello signifique desatender la excitación de la mujer.

El hombre «juega» con el pene en la vagina, introduciéndolo sólo dos o tres centímetros; lo mantiene dentro con escasos movimientos durante un par de minutos y después lo retira y lo descansa en el prepucio del clítoris antes de introducirlo de nuevo. El juego, con variantes, puede prolongarse durante largo tiempo.

El taoísmo y el tantrismo también se adelantaron en miles de años en cuanto a la utilización de determinados enseres en las relaciones sexuales, entre los que destacan las cintas de pasión o el anillo del dragón.

- *Las cintas de pasión* se utilizan cuando el hombre nota cierta pérdida de erección en un coito prolongado; entonces liga una cinta alrededor de la base del pene. (Actualmente, sabemos que esta técnica facilita la erección y la duración de ésta, al evitar la salida del flujo venoso por la vena dorsal del pene.)

- *El anillo del dragón* también se coloca en la base del pene y actúa por el mismo mecanismo de acción, retardando la salida de la

Figura 21. Las cintas y los anillos que existen y se utilizan en la actualidad se empleaban desde tiempo inmemorial en el sexo tántrico.

sangre por la vena dorsal del pene. Se fija con una cinta que pasa por el orificio inferior del anillo y después se pasa por debajo del escroto y se fija en la cintura.

Las técnicas taoístas y tántricas del coito prolongado proporcionan un placer adicional, sobre todo para la mujer.

El *Kamasutra*

Es el libro más influyente sobre erotismo que ha llegado hasta nuestros días. Sus fuentes se remontan al primer texto, el *Kama Shastra,* que contiene una vasta información atribuida a Nandi, el toro sagrado que guarda la puerta del dios Shiva. Durante el siglo VIII a.C., Shvetaketu hizo un resumen de los trabajos de Nandi. Posteriormente, entre el primer y el tercer siglo de nuestra era, varios autores reprodujeron diferentes partes de estos resúmenes, de los que el religioso Vatsyayana escribió el *Kamasutra,* un compendio de enseñanzas sexuales transmitidas básicamente por vía oral, que describen el amor como una «unión divina».

La versión actual es fruto de la traducción de textos anteriores, realizada por el inglés Richard Francis Burton en 1883, y, más tarde, de las versiones de Indra Sinha en 1980 y en 1997, y de Danielou en 1993.

El *Kamasutra* es hoy en día un compendio sobre sexualidad y erotismo. Está organizado en siete partes y dividido en 36 capítulos que versan sobre temas muy dispares: el amor y su importancia en la vida de la mujer y el hombre; la adquisición de conocimientos sexuales en cuanto a estimulación del deseo; o temas diversos y actuales: la intensidad y los tipos de caricias y de besos, las posturas para copular, el sexo anal, el sexo oral, las parafilias, el *ménage à trois;* las características que debía poseer la mujer para convertirse en una buena esposa; la conducta apropiada de una esposa; las técnicas de seducción; los afrodisíacos y distintos métodos para incrementar el tamaño del pene, la colocación de *piercings,* etc.

Evidentemente, parte del contenido de estos escritos ha sido superado por el paso del tiempo y por la evolución de las diferentes costumbres y de las culturas donde es leído. Sin embargo, la parte que profundiza en las posturas de coito se ha mantenido vigente durante todo este tiempo y es la más conocida. En el libro se recogen un total de sesenta y cuatro posturas, conocidas como *las sesenta y cuatro artes,* lo que dificulta superar en imaginación alguna de sus variantes.

Figura 22. El *Kamasutra* es la obra sobre sexualidad más leída y mirada de toda la historia. Óleo de una postura sexual, realizado alrededor de 1950, por un artista anónimo de Rajastán.

Las posturas sexuales más frecuentes

En lo que atañe a las posturas sexuales, no deberían existir otros límites que los de nuestra imaginación y la de nuestra pareja sexual. La finalidad de éstas es descubrir posibilidades que satisfagan a ambos, y evitar la rutina, el aburrimiento y la insatisfacción sexual.

No se pretende aquí realizar un repaso exhaustivo de todas las posturas sexuales que existen, pues para eso el *Kamasutra* es insuperable, pero sí describir una serie de ejemplos, cuyas variables y posibilidades están en nuestras manos. Practicar una o varias de ellas en un solo encuentro sexual, si así se desea, también es decisión nuestra. Veamos algunos ejemplos.

Posturas «por delante»

El misionero

Es un clásico. Se cree que su nombre proviene de la costumbre de los misioneros cristianos en América de utilizar esta única postura para realizar el coito.

Figura 23. Variante sexual de la postura «del misionero», con el varón encima de la mujer.

El hombre se sitúa encima de la mujer, apoyándose con las manos o los codos para evitar cargar todo su peso sobre ella y dejar más o menos espacio entre ambos.

La mujer tiene las manos y las piernas libres, para acariciar, frotar o pellizcar la cara, la espalda, el pecho, los pezones, las piernas, los testículos, el pene, etc. El varón, a su vez, puede besar la cara, los labios, la lengua, los pechos, los pezones, y liberando alguna de las manos, acariciar prácticamente todo el cuerpo.

Permite además el contacto visual para confirmar lo adecuado del juego sexual en cada momento.

La ranita

Es una variante del misionero. Con el hombre encima de la mujer, o ésta encima del varón, ambos separan sus piernas y sus pies se tocan, recordando así la silueta de una rana.

El que está encima apoya el peso de su cuerpo en las palmas de sus manos y permite al de abajo utilizar sus manos con toda su sensibilidad e imaginación.

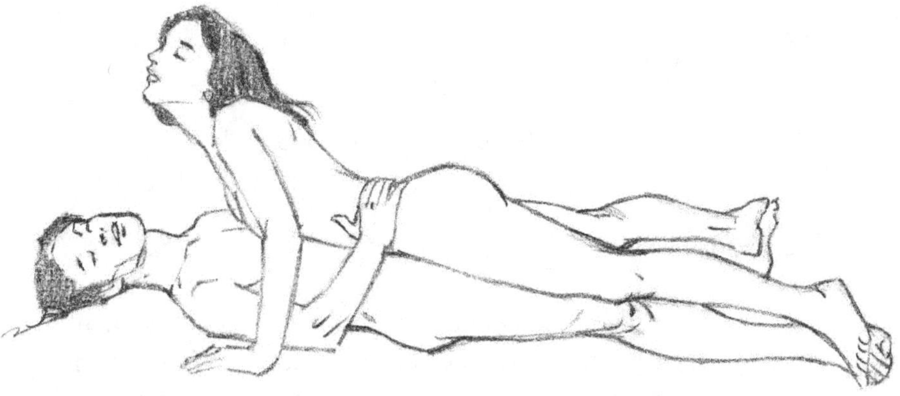

Figura 24. Representación de la postura de «la ranita».

El *tempo* de movimientos, el tacto, su intensidad, las palabras utilizadas y los sentimientos expresados, los perfumes, etc., son, evidentemente, más importantes que la postura, y también los que condicionan el éxito o fracaso de las mismas.

De lado

Es una postura cómoda y descansada, muy apropiada para charlar y disfrutar sin prisas de una prolongada relación sexual. Permite la visión de los rostros y de lo que éstos dicen con o sin palabras...

Ambos tienen además la boca, los brazos, las manos y las piernas libres, que pueden utilizar donde sean más necesarias para acariciar, besar o lamer. La postura facilita llevar un ritmo de coito tranquilo, consensuado, pausado y prolongado.

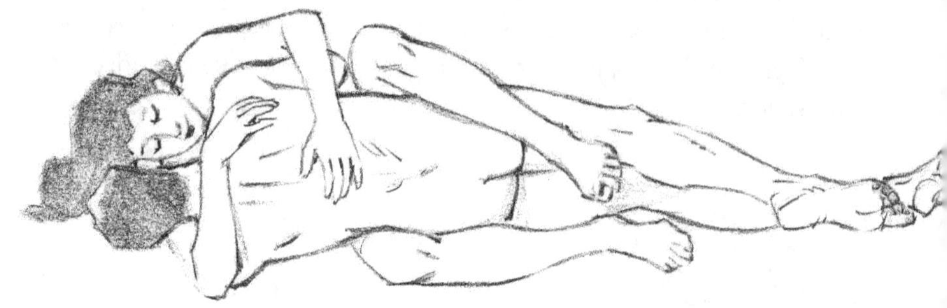

Figura 25. La pareja en posición «de lado».

El caballo

En esta postura, la mujer «monta» al varón como si de un caballo se tratase, con las piernas abiertas y dobladas por las rodillas. Permite a ambos tener las manos libres para jugar en la zona más deseada en cada momento, aquella que es solicitada por la pareja.

Aquí, la mujer impone el ritmo y la velocidad que puede imprimir al coito, el cual puede interrumpir cuando lo desee y volver a iniciarlo a su voluntad.

Debe respetar las indicaciones del varón, si no quiere ver finalizado el coito antes de lo que ella preferiría.

Figura 26. Postura «del caballo».

El tornillo

Aquí, el varón permanece arrodillado frente a la mujer, que se encuentra elevada en la cama unos veinte centímetros y que acoge el pene en su vagina, al tiempo que gira ambas piernas en dirección izquierda o derecha.

El pene del varón queda «aprisionado» y «retorcido» como un tornillo en el interior de la vagina, lo que le produce una caricia y un estímulo especial, dejándole además las manos libres para presionar y acariciar los pechos, los pezones, la areola y todo el cuerpo de la mujer.

En esta posición, es el varón el que impone la intensidad y el ritmo más apropiados a sus deseos o no de orgasmo, independientemente de que la mujer los tenga.

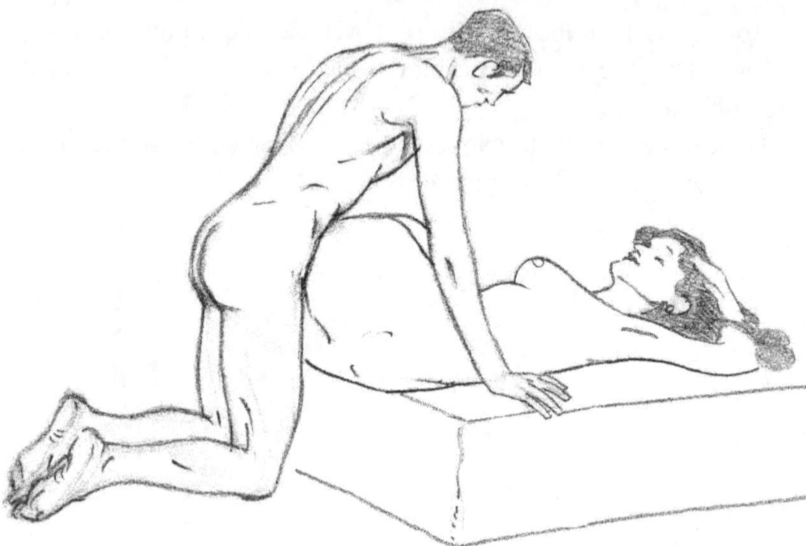

Figura 27. «El tornillo.» Tras introducir el pene en la vagina, la mujer lo «retuerce» mediante un giro de las piernas hacia la derecha o hacia la izquierda.

Figura 28. Coito con el varón arrodillado y la mujer con las piernas elevadas 90°.

Mujer con las piernas elevadas

En esta posición el varón está arrodillado, al tiempo que la mujer descansa y separa sus piernas sobre sus hombros. Ambos tienen las manos libres para acariciar y presionar las zonas más deseadas en cada momento. El «punto G» queda al alcance de la punta del pene.

Posturas «por detrás»

Todas las posturas «por detrás» son especialmente apropiadas para estimular el punto «G», al rozar el pene con más fuerza y frecuencia la zona media de la pared anterior de la vagina, donde se encuentra.

Por el contrario, hay más dificultades para besar la boca de la pareja, y para apreciar su rostro y sus gestos. Veamos algunas variantes.

Sentados y por detrás

La mujer se sienta de espaldas encima del varón, con las piernas separadas y dobladas por las rodillas. Una vez introducido el pene en la vagina, puede «cabalgar» al revés, o inclinarse hacia atrás, permitiendo

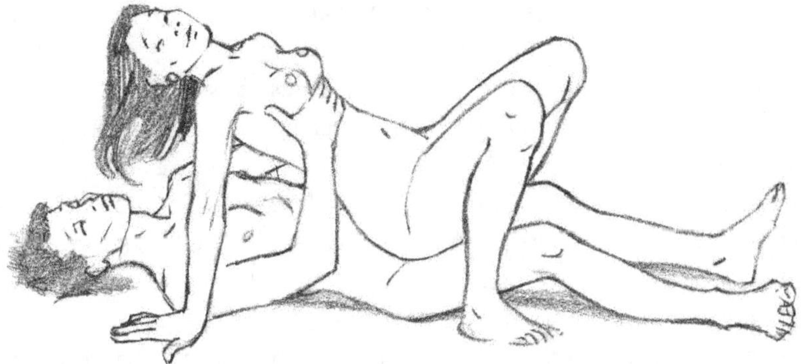

Figura 29. Representación de la posición «sentada y por detrás».

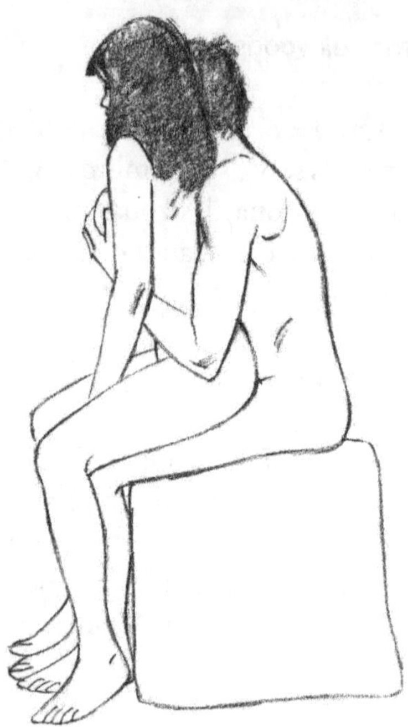

Figura 30. Posición de coito «sentados y por detrás».

que el varón acaricie sus senos, y que su pene incida con más frecuencia e intensidad en su punto G.

Ella conduce con sus movimientos, la intensidad y la velocidad del coito. Esta postura precisa que la mujer tenga cierto grado de elasticidad, fuerza en sus muslos y rodillas, y escaso peso.

La figura 30 muestra una variante de esta posición, en la que ambos permanecen cómodamente sentados. El hombre puede acariciar todo el cuerpo de la mujer, los pechos, la espalda, el cuello y el clítoris, al tiempo que ella, con sus movimientos, verticalizados o rotatorios, impone la velocidad e intensidad del frote entre la vagina y el pene, especialmente sobre su punto «G».

Las manos de ella también permanecen libres para utilizarlas como desee.

Arrodillados y por detrás

El varón se sitúa por detrás de la mujer. Ésta dobla su cuerpo apoyándose sobre una pierna del varón, y extiende la suya de ese lado.

Él tiene las manos libres, lo que le permite acariciar los senos de ella e incluso su clítoris y su vagina. En determinado momento, también puede flexionarse y frotar su tronco sobre el de ella.

Discretos movimientos de la cabeza de la mujer permiten el beso, al tiempo que sus balanceos laterales o hacia delante y atrás marcan el ritmo del coito.

La mujer puede, elevando o descendiendo la cabeza y el tronco, modificar la intensidad de la zona estimulada en la espalda y en la vagina.

Figura 31. Posición de «arrodillados y por detrás».

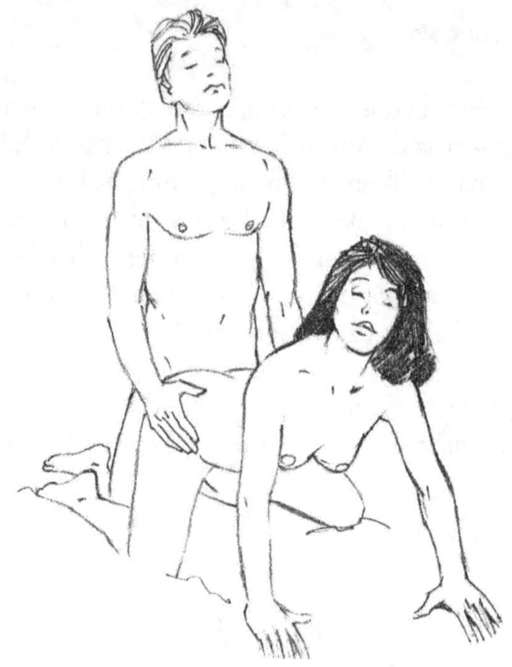

Figura 32. Varón sentado, con las piernas flexionadas entre las piernas abiertas de la mujer.

Como variante, el varón permanece arrodillado y con las piernas flexionadas, al tiempo que recibe a la mujer, también arrodillada y con las piernas separadas, para tener entre ellas las del varón. Ella echa hacia delante su cuerpo y lo apoya en sus codos. La postura es cómoda, y permite al varón acariciar la espalda, los glúteos y la zona anal de su pareja, y a ésta dirigir la intensidad, la frecuencia y los movimientos que imprime al coito.

La sorpresa

El varón, ha «sorprendido» a la mujer mientras «recogía» algo del suelo. Ella, con su cuerpo flexionado, dirige el pene hacia su zona vaginal más sensible, mediante suaves movimientos rotatorios o de delante hacia atrás. Puede condicionar el juego, elevando más o menos su tronco, o incluso «clavando» a su pareja contra la pared.

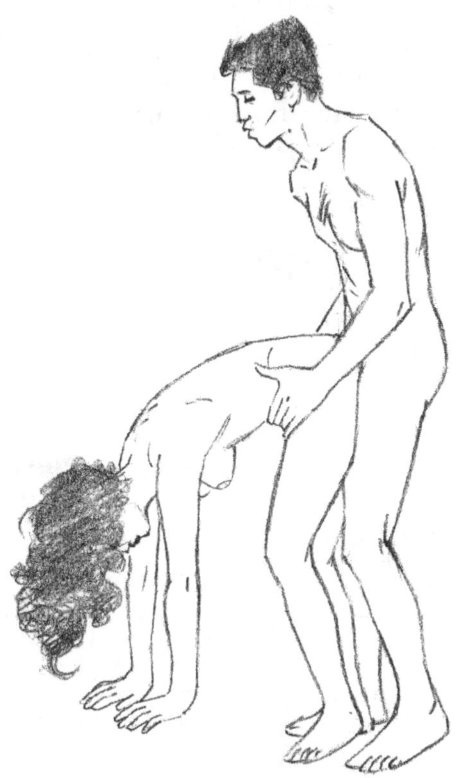

Figura 33. Postura de «la sorpresa».

La carretilla

Esta postura se denomina así por su similitud a la postura que adopta una persona cuando conduce una carretilla.

La mujer descansa el tórax en la cama, apoyada en los antebrazos, con las piernas abiertas y extendidas. El varón las coge y las eleva hasta la altura de sus muslos, e introduce su pene en la vagina. En esta postura el estímulo del punto G es preferente. El varón tiene plena libertad para mover su pene a voluntad dentro de la vagina, tanto en movimientos de adelante a atrás, como haciendo pequeños círculos.

Las posturas «por detrás», como las descritas en «sentados y por detrás», «arrodillados y por detrás» o «la sorpresa», permiten además de realizar el coito vaginal, consumar fácil y cómodamente el sexo anal.

Dejamos aquí la breve muestra de posturas posibles, con la completa seguridad de que la experiencia y la imaginación de las lectoras

Figura 34. Postura de «la carretilla».

y los lectores, las ampliarán, añadiendo modalidades de sexo oral y nuevas variantes coitales, sin más límite que el de su imaginación.

Eros y agape

Los conocimientos sobre las técnicas, y las posturas comentadas, pueden facilitar el **eros** o amor físico. Pero muchas parejas prefieren unir las prácticas sexuales al amor espiritual, al *afecto* o *agape*, con que los griegos se referían al amor.

La sexualidad y el erotismo compartido deberían ser, además de sexo, un intercambio de sentimientos, miradas, caricias y palabras entre dos seres que buscan no sólo su satisfacción sexual y personal, sino también la de su pareja.

Recordemos que el *Kamasutra* describe el coito como una «unión divina», y Vatsyayana, su autor-recopilador, creía que el sexo por sí solo no era malo, pero realizado con frivolidad era «pecado».

La conjunción de *eros* y religión no fue fácil en el pasado, y en el presente no debería significar ninguna contradicción insuperable; no obstante, la solución sigue correspondiendo al ámbito privado.

Capítulo 3
Los trastornos sexuales

Si por salud sexual entendemos, como define la Organización Mundial de la Salud (OMS), «Un derecho humano básico para disfrutar y controlar la conducta sexual, y libertad para desarrollarla, sin que se perjudique por temor, vergüenza, sentido de culpabilidad, falsas creencias o enfermedades», por trastorno sexual entenderemos «cualquier anomalía que afecte a este derecho, que impida o coarte de una u otra forma la libertad y el disfrute sexual a cualquier persona».

Clasificación de los trastornos sexuales

Los trastornos sexuales se han clasificado de muy diversas formas a lo largo del tiempo. Actualmente, una de las clasificaciones más aceptadas es la del *Manual diagnóstico y estadístico de los trastornos mentales de la sociedad norteamericana de psiquiatría* (DSM IV, de acuerdo con las siglas inglesas).

Según estos criterios, los trastornos de la sexualidad, tanto en el varón como en la mujer, se clasifican en:

1. Trastornos del deseo sexual.
   - Deseo sexual hipoactivo.
   - Trastornos de aversión sexual.

2. Trastornos de la excitación sexual.
   – Trastornos de la excitación sexual femenina.
   – Trastornos de erección en el varón.

3. Trastornos orgásmicos.
   – Trastorno del orgasmo femenino.
   – Trastorno del orgasmo masculino.
   – Eyaculación precoz.

4. Trastorno sexual por dolor.
   – Dispareumia, o dolor en el coito, no causada por una enfermedad.
   – Vaginismo.

5. Trastorno sexual debido a enfermedades.

6. Trastorno sexual inducido por sustancias.

7. Parafilias.

8. Trastornos de identidad sexual.

9. Otras alteraciones de la salud sexual.

Veamos con detalle cada uno de estos apartados.

Trastornos sexuales por falta de deseo

Estos trastornos de la salud sexual se dan por distintos motivos, en la mujer y en el varón. Y se manifiestan como una falta de ganas de realizar la actividad sexual.

La persona no disfruta de la sexualidad potencial que posee, pues carece de deseo, primer y fundamental paso, necesario para satisfacer su apetito sexual, y que incluye las fantasías sobre la actividad sexual y las ganas de tener dicha actividad.

También se incluye en este apartado la *aversión sexual,* entendida como un rechazo extremo, persistente o recurrente, hacia el sexo y la evitación de todos o casi todos los contactos sexuales o genitales con una pareja.

Trastornos de la excitación sexual

Las personas con esta anomalía no tienen posibilidad de disfrutar del creciente placer sexual que se produce como respuesta a la estimulación de una zona erógena.

Estos trastornos se manifiestan sobre todo en el varón, pues no se produce la erección de su pene. Se denomina *disfunción eréctil,* en sustitución de lo que antes se denominaba «impotencia *coeundi*» o imposibilidad para realizar el coito, o simplemente *impotencia.*

En la mujer, estos trastornos son menos manifiestos físicamente. Se traducen en la ausencia de cambios en los genitales externos, como la ausencia de lubricación vaginal y de la tumefacción y congestión del clítoris, de los labios menores y de los pechos, que siguen, como hemos visto, a los estímulos de las zonas erógenas.

Trastornos orgásmicos

Quienes sufren estas alteraciones pueden beneficiarse de un estado normal de apetito sexual o de excitación sexual, pero tienen dificultades para consumar un orgasmo, o punto culminante del placer sexual, tras realizar una fase de excitación sexual adecuada, en cuanto al tipo de estimulación, intensidad y duración.

En el varón, una variante de estas alteraciones es la *eyaculación precoz.* Se alcanza el orgasmo, pero tan rápidamente que no se experimenta un disfrute sexual pleno, ni él ni su pareja.

En la mujer, no es infrecuente la falta de orgasmo o *anorgasmia.* Ésta consiste en que las fases de excitación y de mantenimiento no van seguidas de la aparición del orgasmo.

Trastornos sexuales por dolor

Existen distintas anomalías que impiden el disfrute de las relaciones sexuales porque producen dolor. La estimulación sexual o el intento de realizar el coito son dolorosos para uno o para ambos participantes, antes, durante o después de concretar la relación sexual.

La *dispareumia* es el término que define este dolor genital en la mujer. Se aplica cuando dicha alteración no está provocada únicamente por falta de lubricación o por *vaginismo,* entendido éste como la aparición persistente o recurrente de un espasmo involuntario en la musculatura de la vagina que dificulta o imposibilita el coito.

Trastornos sexuales debidos a enfermedades

Es evidente que cualquier enfermedad, física o psíquica, puede afectar más o menos a la sexualidad de la persona, cuando llega a determinado umbral de intensidad. La energía y el deseo que precisa la satisfacción sexual desaparecen o se ven reducidos porque la lucha contra la enfermedad también supone un alto gasto energético para el organismo.

Trastornos sexuales inducidos por drogas

Los trastornos debidos al consumo de drogas, sean o no legales (tabaco, alcohol, cánnabis, cocaína, narcóticos, etc.) afectan cada vez a un mayor número de personas.

Cuanto más prolongado sea el tiempo de adicción y más cuantioso el consumo, más posibilidades existen de que afecten a la sexualidad del individuo y le causen distintas anomalías, entre ellas, que el sexo sea sustituido por la droga en cuestión.

Parafilias

Se entienden como alteraciones del comportamiento sexual inaceptables socialmente o inconvenientes desde un punto de vista biológico.

En este apartado se incluye el *fetichismo*, es decir, la atracción enfermiza por determinados objetos que se transforman en indispensables para realizar un sexo satisfactorio; también el *masoquismo*, el *sadismo*, el *voyerismo*, la *zoofilia*, etc.

Trastornos de la identidad sexual

La persona que los padece sufre y soporta distintas perturbaciones porque rechaza el sexo con el que ha nacido, con el cual no se siente a gusto ni identificado.

Otras alteraciones de la salud sexual

Se incluyen aquí todas aquellas alteraciones que no pueden clasificarse en los apartados anteriores.

¿Cuáles son los trastornos sexuales más frecuentes?

A pesar de la importancia que el sexo tiene en la vida normal de la mujer o del hombre, no existen muchos estudios relativos a la frecuencia con que estos trastornos aparecen en el uno o en el otro.

Si bien es cierto que, en general, son relativamente pocas las personas que solicitan ayuda espontánea por sus problemas sexuales, también lo es que los médicos suelen preguntar poco por la salud sexual de sus pacientes. En el siglo XXI, el sexo sigue considerándose, en parte, un tema tabú.

En uno de los escasos estudios realizados al respecto, en 26 personas con edades comprendidas entre los cuarenta y los ochenta años, en 29 países, sólo el 18 % de las personas que sufrían disfunciones sexuales solicitaban ayuda médica para resolverlas, y sólo el 10 % de los médicos que les atendían les preguntaban espontáneamente por su salud sexual. Y esto teniendo en cuenta que los avances producidos en el tratamiento de los problemas sexuales son notables.

Así pues, entendemos que la prevalencia de las alteraciones de la salud sexual no sea bien conocida, aunque destaquen por su frecuencia las siguientes:

- En los hombres
    - La disfunción eréctil.
    - La eyaculación precoz.

- En las mujeres
    - La falta de deseo.
    - Los trastornos de excitación sexual debidos a falta de lubricación vaginal.
    - La anorgasmia o falta de orgasmo.
    - El dolor en las relaciones sexuales.
    - El vaginismo.

- En hombres y mujeres
    - Los trastornos sexuales inducidos por drogas.
    - La falta de pareja o de comunicación con ella.

Capítulo 4
Prácticas saludables frente a los trastornos sexuales

Cualquiera de los trastornos antes comentados tiene diversos motivos que lo causan, que precisarán medidas selectivas, encaminadas a eliminarlos o disminuirlos.

Además de estos tratamientos específicos o selectivos, existen determinadas actividades que ayudan a disfrutar y mantener una vida sana y saludable, siempre necesaria para practicar y disfrutar de una sexualidad satisfactoria.

Actividades de tipo general

«Lo que es bueno para la salud, es bueno para el sexo.» Todos estaremos de acuerdo con este aforismo cargado de lógica, puesto que, cuanto más sano y saludable sea nuestro tipo de vida, más sana, saludable y agradable podrá ser nuestra vida sexual.

Vida sana y saludable

Cada día exigimos más al concepto de *vida sana y saludable*. Ya no es suficiente la ausencia de enfermedad física, sino que pedimos, y en ocasiones exigimos, quizá sin darnos cuenta de lo elevado de nuestra exigencia, una salud física y mental que nos proporcione un estado de felicidad continuado, además de la salud sexual.

Muchos son los factores que deberemos cuidar para lograr tales objetivos, pero entre ellos destacan:

- Una alimentación sana y equilibrada.
- Una actividad física adecuada al tipo de actividad profesional, al estado de forma y la edad de cada persona.
- Un estado psicológico saludable, relajado y sin estrés, que nos permita valorar adecuadamente y superar los retos a los que nos enfrentamos cada día.

Veamos los pilares fundamentales en los que se basan estos principios.

Nutrición equilibrada

La alimentación tiene como finalidad primordial aportar al organismo aquellas sustancias que deben utilizarse para cubrir las necesidades metabólicas y funcionales de la persona.

Esta finalidad, aun siendo simple y concreta, no parece muy sencilla de seguir si tenemos en cuenta, por ejemplo, la elevada prevalencia de la obesidad, la diabetes o las dislipemias en nuestro entorno.

En la actualidad, la **obesidad** constituye una epidemia de enorme magnitud en el mundo desarrollado, que afecta a la salud y también a la sexualidad de mucha gente. Es cierto que determinadas enfermedades endocrinas y metabólicas (hipotiroidismo, enfermedad suprarrenal, hipogonadismo, etc.) pueden producirla, pero, en general, se trata de un desequilibrio entre el número de calorías ingeridas y las consumidas.

Para resolverla se proponen infinidad de dietas, aunque, en realidad, las claves del éxito para combatir esta alteración son *la cantidad y el tipo de comida* que se ingiere. Lo corroboran dietas muy diferentes entre sí: las que limitan los azúcares y defienden la alimentación con abundantes grasas, y las que proponen exactamente lo contrario. Ambas logran el mismo resultado: un descenso apreciable del peso corporal en las primeras semanas, pero también, para la mayor parte de los pacientes, un incremento de este peso unos meses más tarde.

En general, el motivo por el que unas personas responden mejor que otras a las dietas no está en la dieta en sí, sino en los pacientes, en su actitud y en su motivación para llevarla a cabo.

Se pierde peso comiendo menos y mejor, de una manera equilibrada, en la mayoría de casos, es así de sencillo.

Es, pues, esencial conocer las características de los alimentos y las posibilidades de elección tanto en tipo como en cantidades.

De todos los alimentos que podemos ingerir, obtenemos tres tipos de sustancias o principios inmediatos: *azúcares o hidratos de carbono, grasas y proteínas.* Además de estos tres principios inmediatos, existe una serie de nutrientes imprescindibles para el ser humano: *el agua, las vitaminas y los oligoelementos.* Todos pueden ser aportados por una alimentación sana, equilibrada y variada, similar a la que se expresa en la tabla 1.

En la práctica y desde un punto de vista energético, los azúcares y las proteínas proporcionan cuatro calorías por gramo; las grasas y el alcohol, nueve y siete calorías por gramo ingerido, respectivamente; el agua, las vitaminas y la fibra proporcionan cero calorías por gramo ingerido.

Las necesidades calóricas de cada individuo oscilan en función del trabajo desarrollado entre 30-60 calorías/kg/día. Desde las 1.800 calorías/día para una persona de 60 kg de peso que realiza una actividad física moderada, como un trabajo administrativo, hasta las 3.600 ca-

Nutrientes	*Porcentaje*
Azúcares	50-70
Proteínas	15-25
Grasas	10-15
Fibra	3-7

Tabla 1. Porcentaje de principios inmediatos en una dieta equilibrada.

	Azúcares	*Proteínas*	*Grasas*	*Calorías*
Azúcares				
Alubias	75	11	1	360
Azúcar	100	0	0	400
Garbanzos	45	15	2	260
Miel	75	0	0	300
Pan (de trigo)	52	9	2	260
Patatas	19	2	0	85
Frutos secos				
Almendra	17	18	54	626
Avellana	15	14	60	656
Frutas				
Mandarinas	11	1	0	48
Manzanas	18	0	0	72
Naranjas	11	1	0	48
Nuez	15	15	64	696
Peras	16	0	0	64
Plátanos	23	1	0	96
Proteínas				
Bacalao seco	0	40	3	187
Embutidos	0	15	25	285
Merluza	0	17	2	86
Sardinas	1	22	6	146
Ternera-pollo	0	20	11	180
Grasas				
Aceite de oliva	0	0	100	900
Manteca de cerdo	0	0	100	900
Mantequilla	0	0	82	738

Contenido de alcohol y calorías en bebidas alcohólicas

Bebida	*Grados de alcohol*	*ml de alcohol por l*	*Calorías en 100 ml*
Coñac	40-45	400-450	243
Cava	11-12	11-120	65
Ginebra	40-50	400-500	244
Güisqui	40	400	244
Ron	40	400	244
Vino	11-15	110-150	65-85

Tabla 2. Composición en principios inmediatos y valor calórico de 100 g de sustancia comestible cruda de distintos alimentos.

lorías/día para otra persona que lleva a cabo actividades físicas intensas, como un trabajo en la construcción, o la práctica de deporte activo, por ejemplo.

Para establecer una pauta dietética ajustada a las necesidades particulares de cada individuo, se deberían consultar las tablas de composición de los alimentos. En la tabla 2 podemos ver la composición aproximada y las calorías que aporta la ingesta de 100 gramos de sustancia de algunos de los alimentos más frecuentes.

La llamada **dieta mediterránea** nos ofrece la posibilidad de alimentarnos fácilmente con una dieta equilibrada en principios inmediatos y con las calorías necesarias, sin necesidad de consultar tablas.

Esta dieta aconseja consumir, entre otros, los siguientes alimentos: agua abundante (2 litros diarios), pan, cereales, arroz, maíz, pasta (espagueti, fideos, tallarines…), frutas frescas (sobre todo cítricos), hortalizas, verduras, legumbres, frutos secos, yogur, aceite de oliva, más pescado que carne (sobre todo pescados azules: sardinas, bacalao, caballa, arenque), un vaso de vino al día y poca sal. Todo ello preferiblemente al natural, cocido o a la plancha, será a la larga el mejor consejo para mantener una excelente salud sexual.

En cambio, no se incluyen en esta dieta alimentos que han demostrado ser nocivos para la salud: los alimentos ricos en azúcares refinados (pasteles, galletas, chocolate, mermeladas); en grasas saturadas, que abundan en las carnes rojas, los embutidos; las llamadas grasas *trans,* que abundan en la bollería industrial, las frituras de cocina rápida y algunas margarinas; y los lácteos no desnatados (leche, nata, quesos, mantequilla).

Alimentación afrodisíaca

Otro de los temas clásicos en salud sexual es la influencia que determinados alimentos, conocidos como afrodisíacos (en referencia a Afrodita, la diosa griega del amor), tienen sobre el incremento del apetito sexual.

La lista de alimentos afrodisíacos es interminable, pues cada localización geográfica aporta sus especialidades, aunque en ninguno de ellos existe evidencia científica de sus supuestas propiedades.

Se consideran afrodisíacos los alimentos de la tabla 3.

ALIMENTOS AFRODISÍACOS

Aguacate	Frambuesas	Piñones
Ajo	Fresas	Plátanos
Almendras	Huevos	Regaliz
Anís	Mariscos	Rúcula
Café	Miel	Salmón
Carnes	Mostaza	Trufas
Caviar	Nueces	Vainilla
Chocolate	Percebes	Vino
Espárragos	Piña	Zanahorias

Tabla 3. Alimentos a los que tradicionalmente se les han atribuido propiedades afrodisíacas.

Actividad física acorde con la edad y el estado físico de cada persona

El **sedentarismo** es un elemento habitual en el estilo de vida imperante en nuestra sociedad, y contribuye en parte a una deficiente salud sexual.

Para las personas que desarrollan un trabajo que precisa poco esfuerzo físico, el ejercicio es del todo aconsejable. Les ayuda a mantener una buena salud, siempre y cuando se adapte a sus posibilidades físicas y su edad.

Las mejores horas para realizar ejercicio son las primeras de la mañana y a media tarde. Debe evitarse realizar ejercicio físico intenso antes de dormir, pues puede dificultar el sueño.

Mediante el ejercicio físico, podemos esperar que mejore la salud cardiovascular y sexual de nuestro organismo, el tono muscular, la densidad ósea, la elasticidad, el equilibrio e incluso nuestro estado de

Figura 35. Los alimentos afrodisíacos son aquellos que mejor nos
alimentan y menos nos intoxican.

Cómo practicar ejercicio físico sin riesgos

- **Realizar un deporte que guste,** a ser posible uno que se haya practicado en la juventud, pues disminuye el número de lesiones.
- **Comenzar de forma gradual** y no hacer más de lo recomendable en función del estado físico actual, para evitar un cansancio excesivo.
- **Utilizar un calzado adecuado** para el deporte que se ejercite y al suelo donde se realice. Escoger un calzado con cámara de aire y evitar los suelos duros, a fin de protegernos de posibles lesiones en las rodillas, las caderas y los tobillos, causadas por microtraumatismos repetidos.
- **La natación** es uno de los deportes más completos. Ofrece muchas ventajas, ya que son poco frecuentes las lesiones articulares y musculares, y hace trabajar al cuerpo de una manera proporcionada y armónica. Resulta excelente para corregir problemas de la columna vertebral.
- **Los deportes de contacto** (fútbol, balonmano, baloncesto, rugby, etc.) deben evitarse si no se tiene la forma física adecuada.
- **La bicicleta,** estática (tipo *spining*) o no, tonifica un gran número de músculos. Además, puede practicarse hasta una edad avanzada.
- **La gimnasia dirigida:** los ejercicios de sala, tipo gimnasia sueca, aeróbic, *fitness*, pilates… ejercitan distintos órganos corporales sin excederse en ninguno de ellos, y con una mínima dedicación de tiempo.
- **Andar** siempre es un buen ejercicio y complemento, pues permite elegir la distancia y velocidad del paseo.

ánimo. En cambio, y teniendo en cuenta que por cada nueve calorías consumidas, quemamos un gramo de grasa, no debemos ser excesivamente optimistas en lo que se refiere al sobrepeso.

En la tabla 4 se resume el consumo energético que supone la práctica durante una hora de distintos ejercicios. Tomemos como ejemplo el ciclismo, estático o dinámico; a una velocidad media de 8 km/h., la práctica de una hora de bicicleta «quema» 165 calorías, lo que nos habría hecho perder 165/9 = 18,3 g de grasa corporal. Además, las calorías consumidas en el deporte suelen ser repuestas fácilmente, por el incremento del apetito que causa el ejercicio.

A pesar de todo, el ejercicio físico, especialmente en quienes desarrollan un trabajo sedentario, es un complemento importante para mantener un estado óptimo de salud.

Destinar media hora para realizar cualquiera de estos ejercicios, un mínimo de tres veces por semana, es una buena manera de velar por nuestra salud cardiovascular y sexual.

Ejercicio	*Kcal/h.*	*Pérdida de peso (g)*
Ciclismo a 8 km/h.	165	18
Andar a 4 km/h.	200	22
Golf	220	24
Baile moderado	260	29
Natación	320	35
Esquí de fondo a 4 km/h.	400	44
Tenis	400	44
Correr a 8 km/h.	480	53
Baloncesto	500	55
Balonmano	500	55
Fútbol	500	55
Esquí de pista	530	59

Tabla 4. Consumo energético aproximado por hora de práctica de distintos deportes, y pérdida de peso corporal en gramos.

Figura 36. Hay un deporte para cada estado físico y para cada edad.

Control sobre el estrés

El estrés podemos definirlo como la percepción de no contar con los recursos necesarios para afrontar, con éxito, las exigencias de la vida profesional, familiar o social, en un momento determinado. Si bien es una ayuda para hacer frente a situaciones de emergencia, el problema aparece cuando la persona es del todo incapaz de recuperar la normalidad.

Suele ser un acompañante frecuente y no deseado de las actividades laborales diarias. Las numerosas labores que se deben realizar, la premura del tiempo del que se dispone, los desplazamientos, un entorno laboral hostil, la inseguridad, un trabajo que nos parece inadecuado, una actividad repetitiva, la falta de respeto o de aprecio, y un largo etcétera, son algunas de las causas que lo producen.

Se manifiesta por una serie de síntomas: nerviosismo, miedo, sudoración, temblores, falta de confianza, insomnio o exceso de sueño, agotamiento físico y psíquico, pérdida o incremento del apetito, déficit de concentración, palpitaciones, pérdida de memoria, trastornos del deseo sexual, etc., que se producen en muchas ocasiones sin una causa desencadenante clara.

En las disfunciones de la salud sexual se incrementa el estrés de la persona que la padece, y ello crea un círculo vicioso, pues el estrés facilita el fracaso en el disfrute de la sexualidad, y este fracaso incrementa, a su vez, el estrés.

Se nos dice: «relájate». Pero no se nos indica cómo hacerlo. El descanso y el sueño, por sí solos, no son la solución, ya que incluso después de intentarlo por estas vías, nuestro grado de estrés es superior.

Por ello, a continuación, proponemos una serie de ejercicios de relajación que nos ayudarán a controlar nuestro estrés, y, por tanto, también a mejorar nuestra salud sexual, indistintamente del trastorno sexual que padezcamos.

Todas las técnicas de relajación son adecuadas cuando se dominan. Aquí, comentaremos sólo algunas de las más sencillas:

- ejercicios de control respiratorio,
- ejercicios de relajación muscular,
- el método de Mitchell y sus variantes, y
- la valoración del silencio.

Ejercicios de control respiratorio

Control sobre la cadencia respiratoria

Para realizar estos ejercicios buscaremos un lugar tranquilo y apacible y la postura más cómoda y relajada posible, intentando dejar sin fuerza, flojos, nuestros músculos. En pocos minutos los notaremos pesados.

A continuación, podemos iniciar las series respiratorias siguiendo estos pasos:

– Tomar conciencia de nuestra respiración apreciando cómo entra y cómo sale el aire de nuestros pulmones.

– Iniciar series de corta duración que iremos aumentando paulatinamente, sin que lleguemos a sufrir lo más mínimo por respirar tranquilamente. Podemos empezar por series de tres segundos: contamos mentalmente hasta tres mientras inspiramos, retenemos el aire en nuestros pulmones durante tres segundos, lo exhalamos también durante tres segundos, y nos mantenemos otros tres segundos sin respirar antes de iniciar el nuevo ciclo inspiratorio.

Podemos aumentar la cuenta hasta el número mayor que podamos controlar (4, 5, 6, 7 segundos, etc.) sin que por ello nos resulte difícil respirar.

Colorear el aire inspirado y espirado

En esta variante, además de prestar atención a nuestra respiración, podemos imaginar el color del aire cuando entra y sale de nuestros pulmones. El color que más nos guste cuando lo inhalamos, el que menos cuando lo exhalamos.

Por ejemplo, podemos imaginar que inhalamos un aire puro, limpio y azulado, y que exhalamos un aire negruzco mezclado con «partículas» que manchaban nuestra sangre.

Así, en cada respiración nuestra sangre se encuentra más «limpia y descontaminada».

Inspiración corta, espiración alargada

Otra forma distinta de controlar la respiración consiste en realizar inspiraciones cortas e intensas, alargando cuanto podamos la espiración. Por ejemplo, inspiramos mientras contamos mentalmente hasta seis, y posteriormente sacamos el aire mientras contamos hasta diez.

Podemos utilizar distintas variantes de esta técnica, por ejemplo: hacer una profunda inspiración, y exhalar el aire mientras pronunciamos la letra «u», alargándola («uuuuuuuuuuuu…»), a modo de mantra, a la vez que centramos la atención en la zona abdominal, por debajo del ombligo, y notamos cómo se incrementa la energía de nuestro cuerpo.

Respiración completamente libre

Para terminar la sesión, fijamos toda nuestra atención en la respiración, que dejaremos que se produzca con total libertad, sin contar ni forzarla en ningún sentido, e intentando eliminar cualquier otro pensamiento que acuda a nuestra mente.

Con cada espiración, imaginamos y deseamos que se elimine toda la tensión retenida y acumulada en nuestro organismo, ya sea «coloreada o no».

Ejercicios de relajación muscular

Nuestros músculos sufren las consecuencias de nuestra actividad y nuestras tensiones diarias. Es, pues, lógico que facilitar su relajación nos aporte un mayor bienestar y rendimiento.

Existen numerosas técnicas. Veamos las más sencillas.

Inmovilización voluntaria

Esta técnica consiste en adoptar una postura cómoda y permanecer inmóvil, sin que se mueva, voluntariamente o no, un solo dedo, mientras tomamos conciencia de nuestra respiración y la seguimos mentalmente, y a ser posible en absoluto silencio.

Contracción-relajación

Es una de las técnicas más sencillas. Conviene adoptar la actitud más cómoda posible, por ejemplo, sentarse en el suelo, en silencio, en un cuarto iluminado por una luz tenue, e iniciar tandas de contracción-relajación de distintos grupos musculares.

Cerramos con fuerza la mano derecha y la mantenemos cerrada durante unos quince segundos, después la relajamos también durante unos quince segundos, al tiempo que exhalamos el aire de nuestros pulmones. A continuación, realizamos estos ejercicios con la mano izquierda.

Tras un breve espacio de tiempo de descanso, iniciamos la contracción-relajación de otro grupo muscular. A modo de ejemplo, sirvan los siguientes:

- Contraer el brazo derecho flexionándolo al máximo sobre sí mismo y, acto seguido, extenderlo lentamente. Proceder igual con el brazo izquierdo.
- Cerrar un ojo con fuerza durante quince segundos y volver a abrirlo en otros quince segundos. Repetir este ejercicio con el otro ojo.
- Fruncir la frente al máximo durante quince segundos y relajarla durante el mismo tiempo.
- Replegar los labios sobre sí mismos durante un tiempo y abrirlos después con lentitud.
- Situar el cuello hacia delante en lenta y progresiva flexión, para luego situarlo hacia atrás, en extensión completa.

Los ejemplos son numerosos (pierna primero contraída en flexión y después en extensión, flexionar completamente un pie y después relajarlo, etc.).

Transcurrido cierto tiempo, podemos volver a comenzar por un grupo muscular ya utilizado si así lo deseamos.

Debemos sincronizar la respiración con los movimientos de contracción-relajación, de manera que inspiremos durante los quince segundos de la contracción, y exhalemos el aire durante los quince segundos de la relajación del grupo muscular utilizado.

Relajación por el método de Mitchell y sus variantes

Este método consiste en adoptar posiciones opuestas a las que tradicionalmente se asocian a la ansiedad o al miedo.

Las reacciones de preparación para la lucha que acarrean los estados de miedo y ansiedad llevan aparejados cambios visibles: puños cerra-

---

Relajarse paso a paso por el método de Mitchell

1. **Buscamos un lugar tranquilo y silencioso** y nos ponemos cómodos, ya sea sentados o acostados, y nos aflojamos la ropa para que no nos cree tensiones superfluas.

2. **Pensamos en nuestros huesos y músculos.** Sintamos su peso, y como éste va aumentado paulatinamente sobre la superficie en que nos apoyamos. Notemos como nuestro cuerpo se hace cada vez más pesado y descansa mejor, como si una fuerza invisible tirara de él hacia el suelo.

3. **Cerramos los ojos y los alzamos levemente.** Inspiramos lenta y profundamente. Al espirar, notamos cómo la tensión empieza a desvanecerse, mientras nos relajamos dejando sin movimiento nuestros músculos. Realizamos una segunda inspiración lenta y profunda, y al espirar, de nuevo notamos cómo la tensión se aleja de nosotros con nuestro aliento. Hacemos una tercera inspiración, lenta, regular, profunda. Espiramos. Imaginamos que la tensión abandona nuestros músculos.

4. **Estiramos los dedos de los pies el máximo posible.** Contamos hasta cinco. Los encojemos al máximo. Volvemos a contar hasta cinco.

   Relajamos lentamente los dedos mientras contamos hasta cinco. Notamos cómo el peso de todo el pie quiere hundirse en el suelo.

5. **Repetimos los ejercicios del punto cuatro, alterando los grupos musculares.** Probamos con los gemelos, los cuales tensamos progresivamente al flexionar por completo el pie sobre la pierna. Contamos hasta cinco y colocamos el pie en la posición inicial.

dos para golpear a un hipotético enemigo, músculos tensos para saltar, boca seca, ceño fruncido, respiración superficial rápida y entrecortada, etc.

Una vez nos hemos visualizado en este estado de «pre-lucha», adoptamos sus posiciones opuestas. Por ejemplo, mantener las manos abiertas en lugar del puño cerrado; la cara sonriente en lugar del ceño fruncido, la boca jugosa en lugar de seca, etc.

Las variantes de este método son infinitas. Podemos aprender a concentrarnos en determinadas partes de nuestro cuerpo: una mano, un pie, un dedo, una pierna, etc. Poco a poco, enviamos mentalmente distintas sensaciones como de «peso», «calor», «frío», etc., en

---

Continuamos con la parte superior de las piernas, los cuádriceps, que contraemos progresivamente mientras contamos hasta cinco, y después los relajamos. Seguimos con las nalgas, los músculos de la espalda, del abdomen, de las manos, de los brazos, de la cara, de los ojos, etc.

6. **Tensamos todo el cuerpo.** Percibimos la sensación que ello produce. Lo relajamos lentamente, permitiéndole escapar a toda la tensión que manteníamos acumulada. Notamos una agradable sensación de relajamiento.

7. **Tras los ejercicios de contracción-relajación «enviamos» sucesivamente sensaciones de calor, o de peso.** Por ejemplo, tomamos conciencia de nuestra mano derecha, observamos en qué estado se encuentra. Notamos cómo poco a poco pesa cada vez más, como si una fuerza poderosa la arrastrara hacia el suelo… A continuación, nos centramos en el dedo pulgar de esta misma mano, y notamos cómo ahora es el más pesado, etc.

8. **Seguimos con ejercicios respiratorios.** Inspiramos lentamente mientras contamos hasta cuatro. Espiramos contando hasta cuatro. Aguantamos sin inspirar contando hasta cuatro.

   Repetimos el ejercicio aumentando los segundos hasta cinco, seis, siete, etc.

9. **Fijamos nuestra atención en la respiración.** Eliminamos en cada espiración toda la tensión retenida en nuestro cuerpo.

determinada secuencia. En el recuadro de las páginas 92 y 93 podemos ver cómo conseguirlo.

El masaje

Los masajes ofrecen grandes posibilidades como método para controlar el estrés y para estimular el apetito sexual.

Siempre es agradable que nos acaricien, si así lo deseamos, dejar nuestro cuerpo parcial o totalmente desnudo, inmóvil en una camilla, y sentir cómo unas manos se deslizan con presteza por encima de todos nuestros músculos, en especial aquéllos sometidos a más trabajo, que están contraídos o tensos.

La música, la charla o simplemente el seguimiento del trabajo de las manos por las zonas más torturadas, como el cuello o la espalda, transforman nuestro tono muscular y, con ello, nuestra actitud mental.

El masaje erótico es un arte ancestral que conjuga deseo, aromas, sabores, olores… Puede ser una forma diferente de iniciar una relación sexual que terminará en coito o sólo un tipo de relación sexual más. Los roces, las fricciones, el amasamiento, las caricias, los besos, los lamidos…, son distintas maneras de demostrar e incrementar el deseo y el placer sexual. Todo sirve para realizarlo: manos, dedos, yemas, senos, mejillas, boca, lengua, etc. El límite lo pone cada cual.

Existe un saber innato en el masaje. La pareja que disfruta del erotismo de este arte no tiene prisa alguna en finalizarlo. Suelen iniciarlo por las zonas más distantes de las erógenas diana: los pies, los dedos, las manos, la nuca, el cabello, las piernas, los brazos…, siempre que estén deseosos de ser acariciados, masajeados, manoseados, chupados, lamidos, con o sin aceites aromáticos o cremas con distintos sabores.

Descubrir que el masaje erótico no es una actividad que necesariamente deba finalizar con el coito, sino un fin en sí mismo, puede hacer más deseable y duradera la relación sexual con la pareja.

Figura 37. Una persona relajada y equilibrada está mejor preparada para mantener relaciones sexuales satisfactorias.

La apreciación del silencio

En las grandes ciudades el silencio es el gran desconocido. Su búsqueda se transforma en una necesidad muy valorada, por su poder benéfico para nuestra mente y nuestro cuerpo.

En nuestra rutina diaria, debemos encontrar tiempo para saborearlo, para disfrutar de él. Dedicarnos a «escuchar» el silencio permite establecer una relación diferente con nosotros mismos y entendernos como un todo, de manera más completa. Con ello mejorará nuestra salud y, por ende, también nuestra sexualidad.

Relaciones sexuales frecuentes y satisfactorias

Si una persona está física y mentalmente sana, y tiene a su lado la pareja adecuada, lo normal es que disfrute con ella de relaciones sexuales frecuentes y satisfactorias.

La frecuencia depende de cada pareja, y es consecuencia de la satisfacción de ambos. Obviamente, ayudará mucho conocer el proceso del orgasmo masculino y femenino, preparar las condiciones ambientales más adecuadas, y alcanzar unas fases de preparación y de meseta suficientes para que ambos lleguen al orgasmo.

La imaginación, las palabras, las caricias, los olores, compartir sentimientos, pensamientos, deseos, experiencias, solicitar determinadas acciones, adivinar otras, respetar los deseos de la pareja, en síntesis, el ser feliz y hacer feliz al otro es siempre una experiencia «orgásmica», que debe dejar, al final de cada acto sexual, el germen del deseo de experimentar uno nuevo.

Capítulo 5
Tratamiento de las dificultades sexuales más frecuentes

Las disfunciones sexuales alteran, de una u otra forma, la calidad de vida de quien las padece; por tanto, se han convertido en un marcador del estado de salud de un individuo. La depresión y la ansiedad son enfermedades que suelen acompañarlas, pues las personas sienten este déficit y su organismo lo manifiesta de una u otra forma.

Como hemos visto, el DSM IV clasifica los trastornos de la sexualidad en nueve apartados. Veamos las características y las posibilidades de tratamiento de los más prevalentes.

Trastornos del deseo sexual

Es una disfunción sexual motivada por la falta de deseo total o parcial para mantener contactos sexuales.

Su prevalencia no está bien estudiada, aunque se estima que puede padecer esta disfunción entre el 10 y el 30 % de la población general, pero asciende al 40 % en las mujeres posmenopáusicas.

Son muchos los factores que pueden contribuir a una falta de deseo. Podemos analizarlos desde un punto de vista personal o social.

Causas personales

Pueden ser numerosas: desde el miedo a repetir experiencias previas poco a nada satisfactorias, al de contraer enfermedades infectoconta-

Figura 38. El deseo sexual de la mujer puede virar con suma facilidad, como en un caleidoscopio, con sólo modificar una faceta del comportamiento sexual de su pareja.

giosas. Actualmente, el miedo a contraer el sida esta muy por encima del de la gonorrea o la sífilis.

En general, el hombre suele sufrir menos estas alteraciones; en cambio, muchas mujeres las soportan en silencio.

Se dice que la personalidad de la mujer es «caleidoscópica», de manera que alterando una de las numerosas facetas que componen su deseo sexual (recuerdos y tipos de relaciones sexuales; sentirse comprendida, amada, deseada, apreciada, respetada; excitar su deseo con palabras más que con imágenes erótico-pornográficas; asociar la relación erótica con la personal; etc.), cambia totalmente su estado emocional y también su deseo.

La excitación en el hombre acostumbra a ser más fácil. Suele bastar con una invitación al sexo, con o sin estímulos visuales, auditivos o sensoriales, aun aceptando que toda generalización está plagada de errores.

Causas sociales

No hay duda de que un exceso de trabajo físico o mental, el estrés, o problemas económicos, familiares, laborales o personales pueden ser un buen caldo de cultivo para relegar el deseo sexual a un segundo plano (por ejemplo, personas en situación de desempleo forzado, etc.).

No obstante, existen muchas otras causas que pueden manifestarse con falta de deseo.

Niveles de hormonas sexuales bajos

El reloj biológico afecta a hombres y mujeres por igual. Las mujeres, al final de su ciclo reproductivo, experimentan la llegada de la *menopausia*, una etapa caracterizada por una gran cantidad de cambios fisiológicos y hormonales que afectarán, sin duda, a su vida sexual. Y en los hombres aparece la *andropausia*.

En la mujer menopáusica, además de una caída de los niveles de estrógenos y progesterona, tiene lugar también un descenso de los niveles de testosterona, producidos por sus ovarios y sus glándulas suprarrenales. Ello se traduce en una sintomatología general: inestabilidad vasomotora en forma de sudoración en la cara y el cuello, en ocasiones acompañada de enrojecimiento, irritabilidad, depresión, ansiedad y pérdida de la capacidad de concentración y de la libido. En sus genitales disminuyen las secreciones vaginales, que se tornan más alcalinas, y se adelgazan el epitelio y la grasa de la vulva y la vagina.

Este descenso en la producción de testosterona se correlaciona estrechamente con un bajo deseo sexual.

En la andropausia del varón, los testículos producen menos andrógenos, y esto se manifiesta por un menor deseo sexual, además de cansancio, pérdida de fuerza y de masa muscular, nerviosismo, irritabilidad, ansiedad y disfunción eréctil.

Niveles elevados de prolactina

La prolactina es una hormona segregada por la hipófisis que estimula la secreción de leche en la mujer durante el posparto.

En situaciones distintas de ésta, el incremento de prolactina se manifiesta por una disminución del deseo sexual. Las causas son variadas, aunque las más frecuentes se relacionan con la ingesta de determinados fármacos (estrógenos, antiandrógenos, amitriptilina, fluoxetina, varapamilo, metoclopramida, ranitidina). En raras ocasiones, puede deberse a tumores cerebrales (hipotalámicos y pituitarios) y a enfermedades crónicas del hígado y los riñones.

Tratamiento de los trastornos del deseo sexual

El tratamiento específico de las alteraciones por falta de deseo dependerá, evidentemente, de la causa que lo produce.

Como hemos podido comprobar, el deseo sexual es muy complejo y multifactorial. Dos de sus elementos clave son el impulso y la motivación.

El **impulso físico** viene modulado por la edad, la salud física y mental, las hormonas, el enamoramiento... La **motivación**, en cambio, viene modulada por las experiencias previas, la calidad de la pareja y la duración de dicha relación, pero también por las habilidades sexuales y amorosas de los miembros de la pareja.

Las mujeres y los hombres con pareja estable responden sexualmente de manera satisfactoria sin tener necesariamente que empezar con un deseo espontáneo. A menudo, el deseo sexual aparece como respuesta a unos estímulos de cercanía y calidad emocional, como son las caricias.

Existe mucha controversia sobre la relación que hay entre la intensidad del deseo y la satisfacción sexual. Si bien la intensidad del deseo que provoca la novedad de un encuentro puede suplir el desconocimiento sexual mutuo y culminar en una relación sexual muy satisfactoria, el conocimiento de la pareja y de sus gustos sexuales, así como el poder desplegar las habilidades amatorias desde la tranquilidad, pueden reemplazar el deseo de la novedad y proporcionar una relación sexual aún más satisfactoria.

Por supuesto, la vinculación, la intimidad y los proyectos compartidos son elementos que también contribuyen a la calidad de la pareja.

Las personas pasan, a veces, por temporadas de menor actividad sexual y en las que tienen menos deseo, pero ello no tiene por qué ser necesariamente patológico. Se considera un trastorno cuando la persona manifiesta una disminución o ausencia de fantasías sexuales o de receptividad sexual que interfiere de manera negativa en su vida y le produce malestar o problemas interpersonales.

Aunque se haya descartado una disfunción hormonal o patología orgánica, es muy probable que la cronicidad del proceso haya repercutido de manera negativa en la relación sexual e incluso emocional de la pareja, y que en muchas ocasiones se necesite recibir una terapia integral que incluya terapia sexual y de pareja. Una terapia orientada a que la pareja recobre la intimidad, la vinculación y promuevan actitudes sexuales abiertas que despierten el interés sexual mutuo.

Éste es quizá el paso más importante para solucionar los trastornos por falta de deseo sexual, pero no es el único.

El tratamiento hormonal sustitutivo con estrógenos y progesterona, tanto local, por medio de cremas vaginales (Colpotrofin) u óvulos (Ovestinon, Vagifem), como sistémico, con comprimidos (Boltin) o parches transdérmicos (Estraderm, Estracomb TTS), etc., en ocasiones también ayuda a la mujer menopáusica en los problemas de sequedad vaginal y de falta de deseo; sin embargo, a largo plazo puede provocar alguna alteración de las mamas o del endometrio.

La administración de testosterona en forma de parches transdérmicos también constituye un tratamiento adecuado para incrementar el deseo y la satisfacción sexual y disminuir el estrés personal.

En los varones, si los estudios médicos y analíticos han demostrado unas cifras bajas de testosterona, puede estar indicado el suplemento de hormona sexual masculina, ya sea en forma de gel transdérmico (Testogel) o inyectable (Reandron, Testex).

La aplicación de un gel cuyo principio activo sea la testosterona no está indicado en el tratamiento de la esterilidad masculina o de la impotencia. Para que no se produzca transferencia de testosterona de una a otra persona, debe especialmente evitarse el contacto de la zona donde se ha aplicado el gel (hombros, ambos brazos o el abdomen).

La terapia con testosterona no se recomienda a los varones con niveles de testosterona normales para su edad. Además, deben tenerse en cuenta los posibles efectos secundarios: disminución del volumen testicular, pérdida de cabello, retención hidrosalina, aumento de peso o enfermedades del hígado, entre otras.

En las elevaciones de prolactina, los agonistas de la dopamina tipo bromocriptina (Parlodel) disminuyen los niveles plasmáticos de prolactina.

Cuando se han descartado disfunciones hormonales, ambos miembros de la pareja deben colaborar en buscar una solución al problema.

Conocer los gustos de cada uno es un buen comienzo, así como hablar acerca de las zonas y los tipos de estimulación que se prefieren, preparar los encuentros adecuadamente, con tiempo, música adecuada, perfumes, iluminación, vestimenta preferida, estimular las fantasías con imágenes apropiadas, etc. La comunicación es esencial en este punto.

Los trastornos de excitación sexual afectan, fundamentalmente, a la primera fase del orgasmo y, en consecuencia, a todas las siguientes, de manera que no sería posible conseguir el orgasmo (véase la figura 10).

En la mujer, según el DSM-IV-TR, se traduciría en una incapacidad, persistente o recurrente, para obtener o mantener la respuesta de lubricación propia de la fase de excitación hasta la culminación de la actividad sexual, lo cual le provocaría, aparte del dolor físico, un malestar consigo misma acusado y dificultades en las relaciones interpersonales.

Figura 39. Las disfunciones sexuales pueden alterar la calidad de vida de un individuo y son un marcador de su estado de salud.

La prevalencia de este trastorno no ha sido estudiada, pero dado que suele superponerse con los trastornos por falta de deseo sexual, sus posibilidades de tratamiento son las mismas.

Recientemente, Basson y colaboradores han clasificado el trastorno de la excitabilidad femenino en cuatro estados:

1. *Trastorno subjetivo de la excitación:* ausencia o marcada disminución de la excitación sexual y del placer ante cualquier tipo de estimulación sexual, a pesar de existir lubricación genital y otros signos fisiológicos propios de un proceso de excitación.
2. *Trastorno de la excitación sexual genital:* ausencia o disminución de la excitabilidad genital que se manifiesta por una mínima tumefacción y lubricación genital, además de una sensibilidad reducida ante las caricias vulvares. Existiendo sensación subjetiva de excitación ante estímulos sexuales no genitales.
3. *Trastorno combinado de la excitación subjetiva y genital:* ausencia o marcada disminución de la excitación sexual y el placer con ausencia de ingurgitación y lubricación genital ante cualquier tipo de estimulación sexual.
4. *Trastorno de la excitación sexual persistente:* excitación genital espontánea, molesta y no deseada en ausencia de interés sexual y deseo.

En el varón, este trastorno se manifiesta por alteraciones de la erección o disfunción eréctil, conocida tradicionalmente por «impotencia *coeundi*» o impotencia para realizar el coito.

En la actualidad, la disfunción eréctil se define como: «La incapacidad persistente de tener o mantener una erección adecuada y suficiente para conseguir una relación sexual coital satisfactoria».

Con la finalidad de facilitar el diagnóstico clínico de disfunción eréctil, la Semergen (Sociedad Española de Médicos de Atención Primaria) ha validado un cuestionario de autoevaluación, el «índice para la salud sexual del hombre» (ISSH), que ofrece 25 ítems basados en distintas características de la erección, resumidas en la tabla 5. Si la puntuación obtenida en este cuestionario es igual o inferior a 21, se considera que el varón evaluado sufre disfunción eréctil.

La prevalencia de la disfunción eréctil del varón se incrementa con la edad y varía de una zona a otra del planeta, como lo acreditan distintos estudios.

1. ¿Qué grado de confianza tiene en poder conseguir y mantener una erección?		*Muy bajo*	*Bajo*	*Moderado*	*Alto*	*Muy alto*
		1	2	3	4	5
2. ¿Con qué frecuencia sus erecciones por estimulación sexual fueron suficientemente rígidas para la penetración?	*Sin actividad sexual*	*Casi nunca / Nunca*	*Pocas veces (menos de la mitad de las veces)*	*A veces (aproximadamente la mitad de las veces)*	*La mayoría de las veces (mucho más de la mitad)*	*Casi siempre / Siempre*
	0	1	2	3	4	5
3. Durante el acto sexual, ¿con qué frecuencia fue capaz de mantener la erección después de haber penetrado a su pareja?	*No intenté el acto sexual*	*Casi nunca / Nunca*	*Pocas veces (menos de la mitad de las veces)*	*A veces (aproximadamente la mitad de las veces)*	*La mayoría de las veces (mucho más de la mitad)*	*Casi siempre / Siempre*
	0	1	2	3	4	5
4. Durante el acto sexual, ¿qué grado de dificultad tuvo para mantener la erección hasta culminar el acto?	*No intenté el acto sexual*	*Casi nunca / Nunca*	*Pocas veces (menos de la mitad de las veces)*	*A veces (aproximadamente la mitad de las veces)*	*La mayoría de las veces (mucho más de la mitad)*	*Sin dificultad*
	0	1	2	3	4	5
5. ¿Con qué frecuencia el acto sexual fue satisfactorio para usted?	*No intenté el acto sexual*	*Casi nunca / Nunca*	*Pocas veces (menos de la mitad de las veces)*	*A veces (aproximadamente la mitad de las veces)*	*La mayoría de las veces (mucho más de la mitad)*	*Casi siempre / Siempre*
	0	1	2	3	4	5

Tabla 5. Cuestionario de autoevaluación de la disfunción eréctil, medida mediante el índice de salud sexual del hombre (ISSH).

En el Reino Unido, se establece la prevalencia de disfunción eréctil en un 32 % de los varones entre 16 y 65 años.

En Estados Unidos, la disfunción eréctil afecta al 52 % de los varones entre 40 y 70 años, porcentaje que se incrementa con la edad, pues hay una prevalencia del 39 % en los varones de 40 años y del 67 % en los que superan los 70 años.

El estudio MALES *(Men's Attitudes to Life Events and Sexuality)*, el mayor estudio epidemiológico hasta la fecha que investiga la prevalencia de la disfunción eréctil y de los problemas relacionados con ésta, reveló que la disfunción eréctil varía considerablemente entre países: del 22 % en Estados Unidos, al 10 % en España, 11 % en Francia, 13 % en el Reino Unido y Alemania e Italia, o el 14 % en México y Brasil. Esta prevalencia declarada por los propios pacientes fue creciendo con la edad, del 11 % del grupo que tenía entre 30 y 39 años al 37 % del grupo de 70-75 años.

En España, en un estudio realizado entre la población masculina de más de 18 años de Barcelona, utilizando el cuestionario ISSH, reveló que la disfunción eréctil se incrementaba con la edad, siendo la prevalencia media del 41 %.

De la revisión de los estudios comentados se deduce que la disfunción eréctil, con notables oscilaciones de prevalencia, constituye un problema importante entre los varones, problema que se incrementa con la edad.

LA DISFUNCIÓN ERÉCTIL

Existen distintas clasificaciones de la disfunción eréctil. Según el momento de aparición se clasifican en:

- *Primarias:* existen desde la pubertad, y en ningún momento han habido erecciones normales. Generalmente, son consecuencia de anomalías vasculares congénitas.
- *Secundarias:* aparecen después de un período de actividad sexual y función eréctil normales.

En función de las causas que producen la disfunción eréctil, ésta se clasifica en:

- *Psicógena:* cuando aparece como consecuencia de anomalías en nuestro «órgano sexual» más importante, el cerebro, que se halla enfermo por depresión, ansiedad, estrés, u otras entidades psicológicas que le impiden realizar su actividad esencial creativa e imaginativa en la relación sexual.

    La tabla 6 muestra los criterios clínicos para diagnosticar a una persona depresiva.

    Se considera que aproximadamente el 60 % de las disfunciones eréctiles tienen un componente psicológico, pues su presentación ocasional, sea o no por razones psicógenas, incrementa el miedo del varón a que vuelva a presentarse.

- *Orgánica.* Las principales enfermedades que pueden provocar o influir en una disfunción eréctil, pues éste es un proceso fundamentalmente vascular, son aquellas que dificultan la llegada de sangre en las condiciones adecuadas al bulbo cavernoso del pene,

SÍNTOMAS DE DEPRESIÓN

1. Estado de ánimo depresivo la mayor parte del día.
2. Disminución acusada del interés o la capacidad para el placer.
3. Pérdida o aumento de peso corporal importante sin realizar dietas.
4. Insomnio o hipersomnia.
5. Agitación o lentitud psicomotora.
6. Fatiga o pérdida de energía.
7. Sentimientos de inutilidad o de culpa constantes o que no proceden.
8. Baja autoestima.
9. Disminución de la capacidad de pensar o concentrarse.
10. Pensamientos recurrentes de muerte, suicidio, o tentativa del mismo.

Tabla 6. Criterios de depresión mayor. Se precisa, para su diagnóstico, presentar cinco o más de los siguientes síntomas durante un período mínimo de dos semanas.

o que están implicadas en los procesos neurológicos u hormonales de la erección. Destacan:

- *La enfermedad arteriosclerótica y la presencia de factores de riesgo cardiovascular* (hipertensión arterial, diabetes, colesterol elevado, tabaquismo…), pues la alteración del árbol arterial dificultará la llegada de sangre, necesaria para la erección.
- *Enfermedades neurológicas* (accidentes vasculares cerebrales, polineuropatías por diabetes, alcohol u otros tóxicos, enfermedad de Parkinson, esclerosis múltiple, enfermedades medulares, etc.), que de una u otra forma alteran también el proceso de aportación de sangre al pene.
- *Enfermedades endocrinas* (hipogonadismo, alteraciones hipo o hiperfuncionantes de la tiroides, incremento de la prolactina, etc.).

Distintas enfermedades endocrinas pueden manifestarse como una disfunción eréctil. Por ejemplo, el *hipogonadismo* cursa con cifras de andrógenos bajas y alteraciones de los caracteres sexuales secundarios, como voz aflautada, falta de barba, ginecomastia, obesidad centro-abdominal, escaso apetito sexual y disfunción eréctil.

El *híper* y el *hipotiroidismo,* se caracterizan: el primero por perdida de peso, nerviosismo, temblor fino en las manos, diarrea, sudoración, cansancio fácil, etc.; y el segundo, por incremento de peso, sensación constante de frío, perdida de la parte exterior de las cejas, edema pretibial, etc., y ambos por disfunción eréctil.

La *diabetes* en fase de descompensación se caracteriza por cansancio, perdida de peso corporal, sed y hambre intensas, diuresis incrementadas, etc., además de disfunción eréctil.

La *hiperprolactinemia* traduce siempre su incremento de prolactina, en una falta de deseo sexual.

Como todas las enfermedades graves que afecten a nuestra salud, las endocrinas provocan una alteración de la función eréctil.

- *Intervenciones sobre la próstata.* En estas intervenciones, la disfunción eréctil aparece cuando la operación lesiona las bandeletas de los nervios de la próstata, lo que afecta a la inervación del pene. La prostatectomía retropúbica radical se asocia a la posibilidad de disfunción eréctil en una horquilla amplia que oscila del 25 al 100 % de las intervenciones realizadas; en cambio, la resección prostática a través de la uretra se asocia a un discreto 15 % de disfunción eréctil, aproximadamente.

- *Uso de fármacos.* Existen más de doscientos fármacos y sustancias psicoactivas que se han relacionado con disfunciones sexuales en hombres y en mujeres. Suelen interferir en la función sexual por sus efectos sobre el sistema nervioso central, en concreto sobre el eje hipotálamo hipofisario, o sobre el sistema vascular.

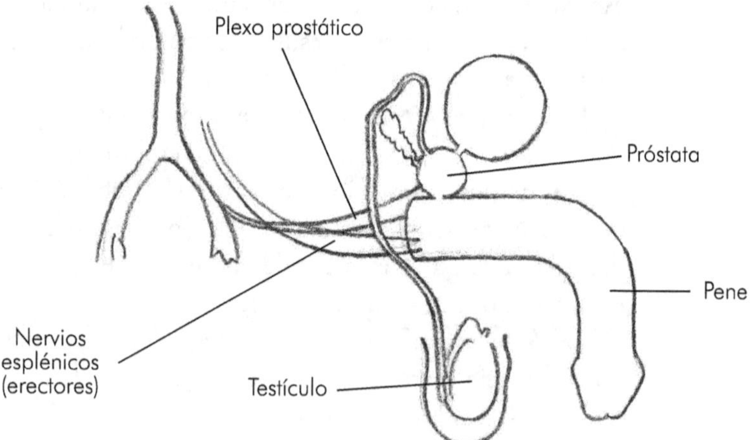

Figura 40. La lesión de los nervios erectores durante la intervención quirúrgica sobre la próstata, es causa de disfunción eréctil.

Los psicotropos y los antihipertensivos son los que más afectan a la erección, el deseo, el orgasmo y la eyaculación. La coincidencia temporal apoya la sospecha de relación con el fármaco, que será sustituido por otro, para las mismas indicaciones, siempre que esto sea posible.

- *Mixta.* Se denominan mixtas las disfunciones eréctiles en las que interviene una combinación de factores psicógenos y orgánicos.

Sin duda son las más frecuentes, dado que todas las orgánicas tienen, al repetirse la disfunción eréctil, un componente psico-

Clase	Fármacos	Algunas denominaciones comerciales
Diuréticos	Diuréticos de asa	Seguril
	Espironolactona	Aldactone
	Tiacidas	Hidrosaluretil
Bloqueantes adrenérgicos	Atenolol	Blokium
	Metoprolol	Lopresor
	Propanol	Sumial
	Benzodiacepinas	Valium
Psicotropos	Haloperidol	Haloperidol
	ISRS	Prozac
	Litio	Plenur
Depresores del SNC	Alcohol	
	Opiáceos	
Aumentan los niveles de prolactina	Metoclopramida	Primperan
Diversos	Antiandrógenos	Suprefact
	Interferón	Introna
	Omeprazol	Omeprazol
	Ranitidina	Zantac

Tabla 7. Algunos de los muchos fármacos que con más frecuencia pueden determinar disfunción eréctil.

lógico o funcional, y todas las funcionales determinan, al menos parcialmente, una alteración orgánica de la función eréctil.

Diagnóstico diferencial de la disfunción eréctil

El primer paso es un correcto interrogatorio, en busca de antecedentes de alguna de las enfermedades comentadas: psiquiátricas, neurológicas, vasculares, metabólicas, cirugía de próstata, traumas en la columna o en el pene, alteraciones del tamaño o consistencia de los testículos, antecedentes de aplicación de radioterapia en la zona genital o sus proximidades, fármacos comentados, conflictos personales y de la pareja, trastornos de la personalidad, conductas de estrés, trastornos neuróticos o psicóticos, etc.

Sin embargo, aun efectuando un buen interrogatorio, no siempre es fácil diferenciar entre una disfunción eréctil psicógena y una orgánica, pero unas y otras tienen características distintas.

En las predominantemente orgánicas, la disfunción eréctil avanza de forma gradual y progresiva, provocando erecciones incompletas cada vez con más frecuencia. Se pierden las erecciones matutinas y las nocturnas o las relacionadas con los sueños, al mismo tiempo que se pierden las erecciones espontáneas o las inducidas por estímulos táctiles, visuales o fantasías eróticas. No hay pérdida de la libido.

Características	*Orgánica*	*Psicógena*
Inicio	Gradual	Aguda
Aparición	Permanente	Situacional
Curso	Constante	Variable
Erección extracoital	Pobre	Ausentes
Erecciones matutinas o masturbatoria	Presentes	Ausentes
Problemas psicosexuales	Secundarios	Larga evolución

Tabla 8. Características diferenciales de las disfunciones eréctiles de predominio psicógeno u orgánico.

Las disfunciones eréctiles de predominio psicógeno suelen presentarse sólo con una pareja en particular, pero se mantienen las erecciones matutinas, las nocturnas y con otra u otras parejas. El interrogatorio de la historia clínica puede revelar trastornos de la conducta, conflictos sexuales y ansiedad o depresión.

El término «predominantemente» psicógena u orgánica se utiliza para aclarar que un componente psicógeno no descarta a uno orgánico y viceversa. La tabla 8 resume las características principales de cada tipo de disfunción eréctil.

El *examen físico* debe ser completo, tanto manual (palpación) como por aparatos y sistemas (ecografía, analítica...), observando especialmente los datos relativos a los caracteres sexuales secundarios: el grosor y la superficie de la piel, la cantidad y la distribución del vello, el volumen, la consistencia y sensibilidad de los testículos y la próstata, la pigmentación y rugosidad del escroto, las características del pene en cuanto a curvatura y extensibilidad, la retracción del prepucio, la fuerza y el desarrollo muscular, etc.

La *exploración cardiovascular* debe ser especialmente escrupulosa, atendiendo a la auscultación del corazón, la toma de la presión arterial, la búsqueda de soplos y pulsos arteriales en el abdomen, las ingles, el hueco poplíteo, las tibiales y los pedíos, para descartar la existencia de malformaciones vasculares o de las arterias periféricas.

En la *exploración neurológica* no hay que omitir el examen de la sensibilidad perineal y el reflejo bulbocavernoso, que se realiza mediante la presión del glande mientras se examina con el dedo el tacto rectal. La presión del glande se sigue de la contracción del esfínter anal, lo que asegura el buen funcionamiento del arco sacro S2-S4.

Es preciso buscar también alteraciones en la sensibilidad y de los reflejos osteotendinosos para descartar polineuritis.

En el cuello, hay que buscar un crecimiento anormal de la *glándula tiroides,* o nódulos en su interior.

Exámenes complementarios

Se realizarán en función de los resultados obtenidos con la historia clínica y la exploración física. Desde el punto de vista analítico, debe solicitarse: hemograma, glicemia, urea, creatinina, perfil lipídico, hepático, tiroideo y testosterona, esta última sólo en los pacientes con descenso de la libido y sospecha clínica de hipogonadismo.

Con estas determinaciones analíticas, se descarta la diabetes, alteraciones de los lípidos, valoración de la función de la tiroides, del hígado y de los testículos. La prolactina puede solicitarse sólo en los casos que cursen con pérdida de la libido, o con cifras bajas de testosterona.

En función de la sospecha clínica, pueden solicitarse otros exámenes complementarios: un electrocardiograma, un ecocardiograma o un eco doppler para evaluar la función cardiovascular.

A pesar de todos estos estudios, en ocasiones no queda claro el peso del origen psicógeno u orgánico de la disfunción eréctil. En estos casos,

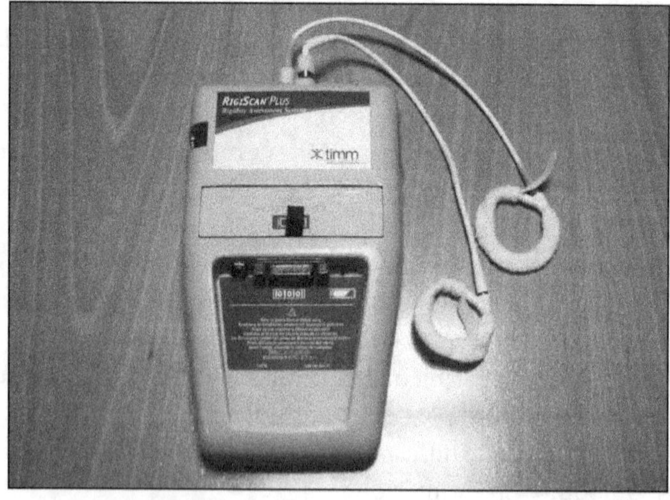

Figura 41. RigiScan. Aparato utilizado para la medición de los episodios nocturnos de erección del pene.

la medición de las erecciones nocturnas puede ayudar mucho a esclarecer el diagnóstico, pues si se producen, descartan la organicidad de la misma y apoyan el elemento psicógeno de la disfunción.

Actualmente, existen medidores de la erección nocturna. Se llaman RigiScan/Nieva System, y son capaces de determinar y almacenar datos relativos a los cambios nocturnos de la circunferencia, longitud y rigidez del pene (véase la figura 41).

También hay unas cintas para colocar en el pene (Snap Gauge/Inform), capaces de dar información sobre las erecciones nocturnas.

Posibilidades de tratamiento de la disfunción eréctil

Como acabamos de ver, la erección depende en gran medida de la «salud vascular» del varón, por lo que todos los elementos que comentaremos a continuación buscan, de una u otra manera, mejorarla.

El problema es que cuando aparece la disfunción eréctil, el tejido esponjoso ha sufrido a veces tantos daños, que es difícil de reparar. Así pues, todos estos consejos son válidos para realizar *antes* de la aparición de la disfunción eréctil, o *simultáneamente* al tratamiento.

El tratamiento debe ser individualizado, es decir, cada persona precisará una o varias de las siguientes posibilidades, que incluyen:

– Modificación de las causas reversibles.
– Psicoterapia.
– Tratamiento de los factores hallados.
– Tratamiento empírico.

Modificación de las causas reversibles

En este apartado incluimos el cambio de las condiciones de vida poco saludables desde el punto de vista cardiovascular, por ejemplo, el sedentarismo, el tabaco o el alcohol.

Numerosos estudios demuestran que los varones con riesgo más alto de disfunción eréctil se encuentran entre los que llevan un **estilo de vida** sedentario; mientras que aquellos que practican alguna actividad física de manera habitual o permanecen físicamente activos presentan un riesgo de disfunción eréctil menor.

El tabaco y el alcohol han probado repetidamente sus efectos cardiovasculares nocivos, por lo que su abandono siempre representa un beneficio para la disfunción eréctil, a corto o a largo plazo.

En cuanto a los fármacos que potencian o causan disfunción eréctil (véase la tabla 9), en ocasiones, basta con sustituirlos por otros que traten igualmente la causa para la que han sido prescritos.

Psicoterapia

Independientemente de cuál sea la causa de la disfunción eréctil, se debe tratar de mejorar la confianza del varón, facilitar la comunicación con la pareja sexual y minimizar los efectos de la ansiedad durante el acto sexual.

La erección es enemiga de las imposiciones. Si no existen problemas añadidos, aparecerá sin ser llamada, pero cuando se le exige demasiado, suele rebelarse y no responde, lo que crea más ansiedad, menos seguridad y peor respuesta.

Si la erección no se produce, en ocasiones es bueno dejar la penetración en un segundo plano y dedicarse a otros tipos de estímulo sexual. Para ello es importante:

- Conocer y aceptar el problema de la disfunción eréctil.
- Incorporarlo, si es posible, a la pareja, ampliando su información sexual.
- Promover prácticas no coitales por un período de tiempo limitado, y favorecer una atmósfera libre de tensión y miedo. No debe buscarse la erección como finalidad, sino centrar la atención en otros estímulos sexuales no fálicos, y disfrutarlos plenamente,

sin más. Durante este tiempo sólo deben estar permitidas las caricias, procurando siempre el placer del otro, por encima del propio.

Se trata de gozar y despreocuparse de la erección. Olvidarse de ella y concentrarse en el cuerpo de la compañera, en su belleza, al tiempo que nos aseguramos de proporcionarle el máximo placer. Existen infinidad de medios, como utilizar hábilmente las manos, los labios y la lengua para estimular sus zonas erógenas más sensibles. La excitación femenina se contagia al hombre facilitando su erección.

Posteriormente, puede intentarse la penetración suave. Significa que un hombre puede penetrar en su compañera, incluso con una erección deficiente, si se le ayuda adecuadamente. Si se posee suficiente experiencia, se puede penetrar a la mujer incluso con un pene flácido y experimentar placer con estas maniobras. Las caricias deben estar presentes todo el tiempo. Los dedos deben facilitar la penetración del pene en la vagina, y una vez conseguido, rodearlo a modo de anillo.

La mujer debe estar suficientemente lubricada para facilitar la penetración, ya sea de una manera natural o artificial (utilizando vaselina, aceites, etc.).

Tratamiento de los factores hallados

Cualquier factor encontrado en el estudio de la disfunción eréctil debe ser tratado. Los principales, aunque no los únicos, son los siguientes:

- *Diabetes.* Aproximadamente el 50 % de los varones con diabetes *mellitus* padecen disfunción eréctil a los diez años de sufrirla.

  En ocasiones, el historial del paciente detecta este hecho. En otras, el hallazgo aparece como consecuencia del estudio de la disfunción eréctil. En función de la evolución e intensidad de la misma, se tratará con insulina, fármacos hipoglicemiantes orales (la acarbosa, las sulfonilureas o la metformina), o ambos, y se prescribirá al paciente una dieta que contenga un número de calorías adecuado al trabajo que realiza, exenta de azúcares de absorción rápida (pastas y bollería en general, miel, mermelada, helados, chocolate, etc.).

* *Dislipemia.* Está demostrado que por cada mmol/l de incremento de colesterol sérico, se produce un aumento de 1,32 veces en el riesgo relativo de padecer disfunción eréctil.

  El aumento del colesterol y los triglicéridos debe tratarse con fármacos (las estatinas, los fibratos o las resinas), y acompañarse de una dieta exenta de grasas de predominio animal (embutidos, beicon, hamburguesas, patés, mantecas, mantequilla, sebo, carnes grasas, jamón, vísceras…), que permita un máximo de cuatro yemas de huevo a la semana, y prohíba los fritos y precocinados, así como el chocolate, la bollería y las patatas *chips* o similares.

  La dieta debe ser rica en alimentos de origen vegetal, aceites vegetales (oliva, girasol, maíz…), pescado (por lo menos tres veces por semana), leche, quesos y yogures descremados, y sobre todo en frutas, verduras y legumbres.

* *Hipertensión arterial.* Los varones con hipertensión arterial tienen una prevalencia más alta de disfunción eréctil. Por este motivo, además de los antihipertensivos adecuados para cada persona, que interfieran lo menos posible en su erección (se puede elegir entre diuréticos, beta-bloqueantes, IECAs, ARA-II, bloqueantes alfa-adrenérgicos, etc.), quienes padecen disfunción eréctil deberían evitar ingerir alimentos salados (sal de cocina, anchoas, bacalao, quesos, jamón, aceitunas, pasteles, galletas, agua mineral con gas natural…) e incrementar el consumo de frutas y verduras.

Niveles de testosterona bajos. Hipogonadismo de inicio tardío

Los andrógenos ejercen un efecto directo sobre el tejido del pene para mantener la función eréctil. Su déficit produce un desequilibrio metabólico y estructural del seno cavernoso, que motiva una fuga venosa y una disfunción eréctil.

El llamado hipogonadismo de inicio tardío se asocia a la edad avanzada del hombre, pues suele aparecer a partir de los sesenta años, si bien algunos varones la presentan a partir de los cuarenta años. Suele cursar con cansancio, pérdida de fuerza y de masa muscular, nerviosismo, inapetencia sexual y disfunción eréctil. Se confirma si a éstos síntomas se unen unos valores bajos de testosterona.

Aunque la prevalencia de esta entidad resulta poco conocida, se estima que es de alrededor del 10 % en hombres mayores de cincuenta años y de más del 20 % en hombres mayores de sesenta años.

Si su analítica revela unas cifras bajas de testosterona, puede estar indicado suministrar un suplemento de hormonas sexuales masculinas. Las dosis de testosterona están condicionadas por la forma de presentación. La tabla 9 resume estas formas y las dosis recomendadas.

La terapia con testosterona está contraindicada para los varones que presentan unos niveles de esta hormona normales para su edad. Además, conviene valorar los posibles efectos secundarios: disminución del volumen testicular, pérdida de cabello, retención hidrosalina,

Fármaco	*Vías*
Androderm	Transdérmica
Androgel 1 %	Tópica
Depotestosterona	Intramuscular
Fluoximetosterona	Oral
Metiltestosterona	Oral
Striant	Sublingual

Tabla 9. Algunos preparados de testosterona y vías de administración.

aumento del peso corporal, afección hepática e incluso cáncer de próstata.

Niveles elevados de prolactina

En los varones, los niveles elevados de prolactina suelen manifestarse por disminución de la libido y disfunción eréctil.

Las causas suelen ser variadas, aunque las más frecuentes se relacionan con la toma de algunos fármacos (amitriptilina, fluoxetina, varapamilo, estrógenos, antiandrógenos, metoclopramida o ranitidina). Más raramente, puede deberse a tumores hipotalámicos o pituitarios, y a enfermedades crónicas del hígado y los riñones.

El tratamiento, evidentemente, depende de la causa. Los agonistas de la dopamina tipo bromocriptina (Parlodel) disminuyen los niveles plasmáticos de prolactina.

Tratamiento empírico

Se llama así porque, por uno u otro medio, este tratamiento mejora la afluencia de sangre al pene y con ello la disfunción eréctil, independientemente de la causa que lo provoca.

Basándonos en la comodidad de uso, se clasifican en tratamientos empíricos de:

- *Primera línea:* fármacos orales, anillos y cintas, y dispositivos de vacío.
- *Segunda línea:* fármacos que utilizan la vía intracavernosa o intrauretral.
- *Tercera línea:* prótesis de pene.

Tratamiento empírico de primera línea

Fármacos orales

- *Yoimbina.* Se ha empleado durante años, aun sin conocerse claramente su mecanismo de acción para aportar sangre al pene.

  Es un alcaloide que guarda semejanza química con la reserpina, un bloqueante adrenérgico alfa que actúa como vasodilatador.

  Tiene poco efecto directo sobre el músculo liso, pero se introduce fácilmente en el sistema nervioso central, donde produce un cuadro complejo de respuestas. Éstas se dan en dosis inferiores a las necesarias para producir bloqueo periférico alfa y, con ello, vasodilatación, que se manifiestan por excitación, incremento de la presión arterial y de la frecuencia cardíaca, irritabilidad, y temblores. También se han descrito ataques de pánico, por lo que no se recomienda en pacientes hipertensos o ansiosos.

  No existen datos convincentes de su posible efecto afrodisíaco, ni ningún ensayo clínico concluyente sobre su eficacia como tratamiento de la disfunción eréctil.

  Actualmente este fármaco está superado por los inhibidores de la fosfodiesterasa, por lo que sólo debe utilizarse cuando éstos se encuentren contraindicados.

- *Inhibidores de la fosfodiesterasa tipo 5 (IPDE-5).* En la actualidad, son los fármacos más utilizados y mejor estudiados en el tratamiento de la disfunción eréctil.

  Su mecanismo de acción consiste en aumentar la llegada de sangre al pene, por incremento de una enzima, la guanil monofosfato cíclico (GMP-c), que se produce habitualmente en el pene durante la actividad sexual. Como consecuencia de ello, se genera un incremento del flujo sanguíneo por medio de un relajamiento de la musculatura lisa de los cuerpos cavernosos y una compresión de la vena dorsal del pene, lo que dificulta la salida de la sangre del miembro. Todo ello se traduce en un incremento del tono y del volumen del pene y en su erección.

Para que este mecanismo se ponga en marcha, se precisa la existencia de deseo y estimulación sexual previa.

La inhibición de la fosfodiesterasa-5 y la relajación de la musculatura lisa de las arterias son temporales; por ello, cuando ésta reaparece, el pene pierde rigidez y la flacidez retorna a su estado basal.

Actualmente, existen tres IPDE-5: el sildenafilo (Viagra), el vardanafilo (Levitra) y el tadalafilo (Cialis).

Los resultados obtenidos tras la administración de estos fármacos son satisfactorios. Las respuestas de erección se aproximan al 80 % de los varones tratados.

Las diferencias principales entre unos fármacos y otros radican en el inicio y en la duración de su efecto (véase la tabla 10).

La Viagra y el Levitra inician su acción en los primeros sesenta minutos tras su administración, y ésta persiste de cuatro a seis horas. El Cialis tarda unas dos horas en ejercer su efecto y su acción se mantiene durante más de veinticuatro horas.

En general, los IPDE-5 son bien tolerados. Sus efectos secundarios más frecuentes son el enrojecimiento de la cara y las cefaleas. Estos efectos no suelen constituir un problema en sí mismos, pues se minimizan utilizando las dosis adecuadas y suficientemente bajas para que se endurezca el pene y no aparezcan los efectos colaterales.

Fármaco	*Inicio*	*Duración*	*Dosis*
Cialis	½ hora	> 24 horas	10-20 mg
Levitra	1-2 horas	4-12 horas	5-10-20 mg
Viagra	1-2 horas	4-6 horas	25-50-100 mg

Tabla 10. Inicio del efecto, duración del mismo y dosis administradas de los IPDE-5.

Lo ideal, por tanto, es comenzar con dosis bajas de estos fármacos e incrementarlas paulatinamente hasta encontrar la dosis más adecuada a cada persona.

No obstante, existen contraindicaciones claras, por lo que deben ser prescritos con control médico. Por ejemplo, están contraindicados en varones tratados con derivados nitrados (nitrodur, nitodisc, nitroderm, minitran, cordiplast, trinipatch, triniespray, vernies, cafinitrina, diafusor, etc.), o que sufren enfermedades vasculares (infarto de miocardio, accidente vascular cerebral reciente), a quienes el médico desaconseja la actividad sexual.

También están contraindicados en enfermedades hepáticas o renales graves y en lesiones degenerativas de la retina, pues se han descrito pérdidas de visión brusca por causa de los IPDE-5.

- *Apomorfina* (Uprima). Es una alternativa a los inhibidores de la PDE-5, que provoca erecciones por estímulo en el cerebro. Su administración sublingual suele producir erección a los veinte minutos, erección que dura entre tres y cuatro horas.

  Este fármaco parece ser menos efectivo que los IPDE-5, pero puede administrarse en aquellas personas en los que éstos se hallan contraindicados (varones tratados con derivados nitrados para enfermedades del corazón y enfermedades de la retina, principalmente).

Las cintas y los anillos

No constituyen, evidentemente, tratamientos farmacológicos, pero contribuyen al éxito de la erección y a su mantenimiento.

Son útiles cuando el paciente tiene una buena erección inicial, y el problema es la detumescencia precoz.

Las **cintas** son cordones que se anudan a la base del pene. Imprimen una presión controlada que permite la entrada de sangre arterial y, al

Figura 42. Anillo para anudar a la base del pene. Presenta unos elementos que sobresalen de él cuya función es estimular los labios y el clítoris de la mujer.

mismo tiempo, dificultan el retorno venoso, lo que facilita el mantenimiento de la erección.

Los **anillos** también se colocan en la base del pene y actúan de la misma manera. Facilitan la erección y dificultan el retorno venoso, a la vez que permiten el aporte de sangre arterial. Están constituidos por distintos materiales: de metal, goma, plástico o silicona. Los más sofisticados, entre ellos los anillos vibradores, poseen elementos incorporados para estimular el clítoris.

Ni las cintas ni los anillos deben utilizarse más allá de treinta minutos seguidos, para permitir que exista una buena irrigación y oxigenación del pene (véase la figura 42).

Los aparatos de vacío

Facilitan la erección del pene de forma manual. La operación consiste en colocar el miembro viril dentro de un cilindro de plástico hermético y, acto seguido, crear un vacío en éste; esto hace que la sangre fluya

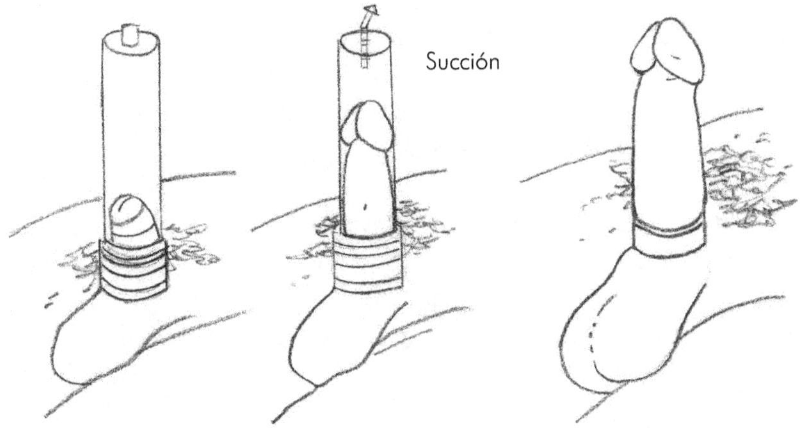

Figura 43. Ejemplo de aparato de vacío, mediante el cual, de manera manual, se reduce la presión en el pene, lo que facilita la entrada de sangre en el mismo y su erección.

hacia el pene con más facilidad, facilitando la erección, que se produce de tres a cinco minutos después.

Se asegura firmemente una banda o un anillo de constricción en la base del pene, para prolongar la erección mediante la reducción del drenaje venoso, y entonces se retira el cilindro. Los anillos no deben dejarse *in situ* más de treinta minutos, para facilitar la oxigenación de los tejidos del pene.

Los aparatos de vacío son dispositivos eficaces, seguros y sencillos de utilizar. Pueden emplearse para cualquier disfunción eréctil, excepto cuando ésta la provoque la enfermedad de Peyronie.

Superados los obstáculos psicológicos iniciales, estos aparatos dan resultado en una amplia mayoría de casos con disfunción eréctil, sin necesidad de apoyarse en un tratamiento farmacológico; sin embargo, la falta de espontaneidad de la relación y la posibilidad de que se formen hematomas en el pene, dificultan o frenan a veces su utilización.

Tratamientos empíricos de segunda línea

Están constituidos por todos aquellos fármacos que se administran por vía intrauretral o intracavernosa.

- *Intrauretral.* El Alprostadil (Caverjet), desde el punto de vista farmacológico, es una prostaglandina E1, un fármaco con una potente acción vasodilatadora local.

  Se coloca dentro de la uretra por medio de un dispositivo (véase la figura 44), justo después de que el varón haya orinado. De esta forma, se libera un gránulo comprimido dentro de la uretra, que contiene el medicamento.

  Para facilitar su absorción a través de la uretra, el varón hace rodar su pene entre las manos de 10 a 30 segundos. En unos diez minutos aparece la erección, que dura aproximadamente una hora. Para incrementar su eficacia, se puede colocar también un anillo en la base del pene, por los mismos motivos antes explicados.

  Como efectos secundarios, aparece dolor y escozor en la uretra en un 25 % de los varones que utilizan este método.

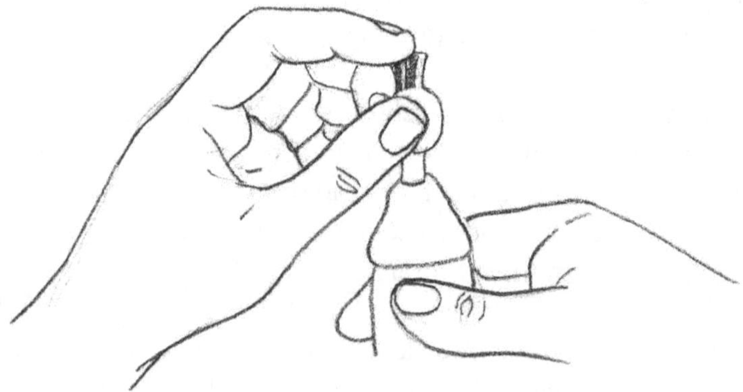

Figura 44. Modo de colocación del «supositorio» de prostaglandina dentro de la uretra.

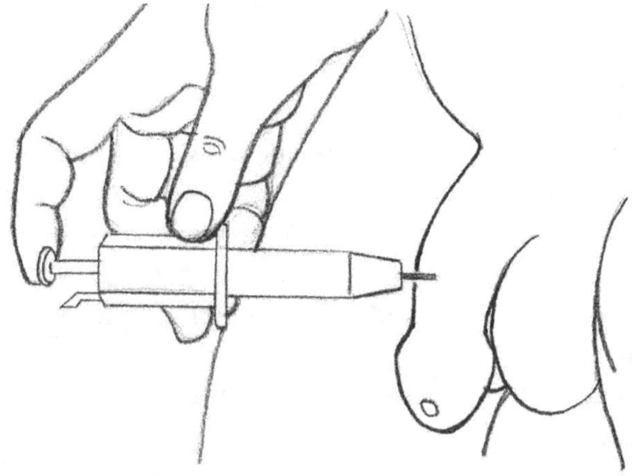

Figura 45. Modo de administración de un inyectable de Caverjet dentro de los cuerpos cavernosos del pene.

• *Inyección intracavernosa.* El Alprostadil (Caverjet) también se administra por vía inyectable dentro de los cuerpos cavernosos del pene.

Este tratamiento exige que el varón aprenda a inyectarse el medicamento en el tejido eréctil para que se produzca la erección (véase la figura 45).

A los diez minutos de su administración suele aparecer la erección, que dura alrededor de una hora. Si los efectos son demasiado prolongados se disminuirá la dosis de la experiencia anterior.

No deben administrarse más de dos inyecciones por semana, o más de una vez en un período de 24 horas.

Entre sus riesgos, destacan los hematomas y las hemorragias en el pene. La complicación más temida es la erección prolongada, que en ocasiones precisa de nuevas punciones para evacuar sangre de los cuerpos cavernosos.

No está indicado en varones tratados con sustancias anticoagulantes como la heparina o la warfarina (Sintrom).

Tratamientos empíricos de tercera línea

- *Las prótesis o los implantes del pene.* Estas técnicas se utilizan en contados casos, ante el fallo de todas las posibilidades anteriormente comentadas.

  Existen distintos tipos de prótesis o implantes, que permiten recuperar las erecciones, pero todos ellos son irreversibles, pues el tejido eréctil se lesiona de forma permanente cuando se implantan estos dispositivos.

  Además de producirse posibles infecciones como consecuencia de la intervención quirúrgica, puede ocurrir un fallo mecánico o apreciarse una calidad no aceptable de erección, que sólo pueden solucionarse con un nuevo implante.

Trastornos orgásmicos

Consisten en una inhibición recurrente y persistente del orgasmo, después de unas fases de excitación y de meseta normales producidas por una estimulación adecuada.

En la representación gráfica de la figura 46, el trastorno orgásmico, estaría representado por la falta de la fase 3.

Estos trastornos se clasifican en: *primarios*, referidos a hombres y mujeres que jamás han experimentado un orgasmo, ni siquiera por medio de la masturbación; y *secundarios*, referidos a quienes han tenido orgasmos y, posteriormente, dejaron de experimentarlos.

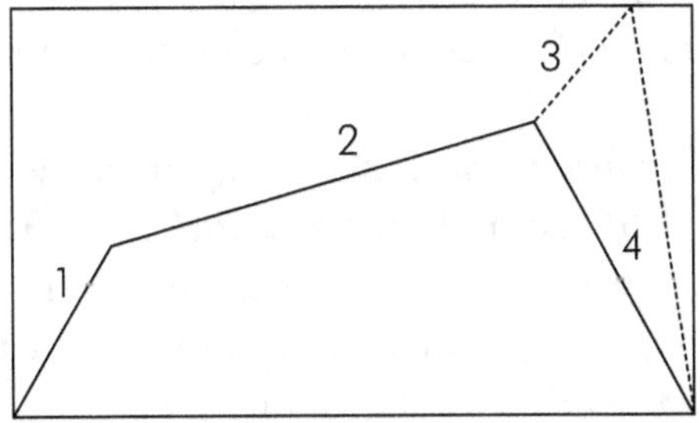

Figura 46. Representación de la ausencia de orgasmo por la falta de la fase 3: (1) excitación; (2) meseta; (4) resolución o refractaria.

Causas de la anorgasmia y posibilidades de tratamiento

La anorgasmia tiene su origen, con frecuencia, en miedos y problemas psicológicos: temor a la ruptura de la pareja, al embarazo, por una educación restrictiva y rígida, por problemas sociales y culturales, por falta de conocimientos teóricos de la sexualidad y de sus técnicas, por el concepto de pecado, de rechazo físico, por ansiedad, depresión, estrés, sexo no deseado, experiencias poco satisfactorias, dolorosas o traumáticas anteriores, etc. Todo ello crea la imposibilidad, sobre todo en las mujeres, de conseguir un orgasmo.

Una mujer anorgásmica, que presenta una ausencia anormal de deseo o de goce sexual, debe asumir su propia sexualidad y entender su código de moralidad o el complejo de culpabilidad que pueda derivarse de experiencias desagradables acontecidas en su pasado. Su pareja debe entender las causas, mostrarse paciente, comprensivo con sus miedos y, a veces, sentimientos irracionales. Suele ser necesario el consejo de un especialista, pero básicamente el tratamiento consiste en:

- *Incrementar la información y la comunicación en la pareja*, explicando los motivos, cuando se conocen, que impiden llegar al orgasmo, y decir claramente qué gusta y qué disgusta de las relaciones sexuales que se realizan.
- *Disminuir la demanda de ejecución*, evitando quejas y presiones para realizar sexo no deseado, y proporcionar refuerzo y apoyo para todo lo que signifique un acercamiento a la sexualidad deseada.
- *Entrenar conductas sexuales deseadas*, participando de forma activa en ejercicios de estimulación sensorial de la pareja, comunicando nuestros deseos, viendo y comentando películas de contenido sexual y permitiendo satisfacer conductas sexuales deseadas.
- *Disminuir el grado de ansiedad*, mediante ejercicios de relajación practicados por ambos miembros de la pareja, que permitan llegar a las relaciones sexuales deseadas sin miedos.

Eyaculación precoz

Éste es, junto a la disfunción eréctil, el trastorno orgásmico más importante en el varón, y, obviamente, tiene repercusiones notables en su vida de pareja (véase la figura 13).

A. C. Kinsey fue el primero en hablar sobre este tema, en su libro *Conducta sexual del varón,* en 1948. Opinaba que cualquiera que no pudiera resistir introducir el pene en la vagina de su compañera durante más de dos minutos, sin tener un orgasmo, era un eyaculador precoz. Sus investigaciones reflejaron que incluso las parejas que se suponían felices tenían una dieta amorosa insuficiente, y que el 75 % de los norteamericanos no superaban los dos minutos en sus coitos.

En 1970, otros investigadores, más exigentes en su definición, consideraron que un varón era eyaculador precoz si no podía controlar su proceso de eyaculación durante el suficiente tiempo para satisfacer a su pareja, por lo menos en el 50 % de sus coitos.

Actualmente, según el manual de *Diagnóstico de los trastornos mentales,* DSM IV, la eyaculación precoz se define como «la eyaculación persistente o recurrente en respuesta a una actividad sexual mínima antes, durante o poco tiempo después de la penetración, y antes de que la persona lo desee, causando malestar acusado y dificultades en las relaciones interpersonales».

Casi todos los jóvenes empiezan su vida sexual con eyaculaciones rápidas e incontroladas, y muchos adultos la terminan de la misma forma.

La eyaculación precoz es un acto reflejo desencadenado por una hiperactividad mental previa a la práctica sexual, a la que se suma la falta de confianza que se acompaña al repetirse en demasiadas ocasiones.

Posibilidades de tratamiento

Su tratamiento no siempre es fácil, por lo que debe individualizarse y utilizar más de una de las técnicas que se citan a continuación.

La teoría es de difícil aplicación si no va acompañada de la ayuda de la pareja, y de un aprendizaje común para saber por qué se emplean determinadas técnicas durante el juego sexual.

Ejercicios de relajación

Los ejercicios de relajación comentados en páginas anteriores, practicados con la frecuencia adecuada, contribuyen a la obtención de un mejor estado anímico y de un mayor control físico y sobre la actividad mental.

Si aprendemos a controlar, por ejemplo, nuestra frecuencia respiratoria durante estos ejercicios, también seremos capaces de controlarla durante las relaciones sexuales.

Estos ejercicios pueden seguirse de ejercicios de visualización de distintas técnicas sexuales, que se interrumpen temporalmente cuando se llega a determinado grado de excitación para intercalar las técnicas respiratorias apropiadas.

Fármacos

- *Ansiolíticos y antidepresivos.* El exceso de excitación, fundamentalmente mental, es uno de los factores que pueden desencadenar la eyaculación precoz.

  Los varones que la sufren también suelen padecer estrés, e insatisfacción personal, depresiones, episodios de ira y falta de control emocional, intranquilidad, necesidad de inmediatez, adicciones y trastornos obsesivos compulsivos, además de tener una relación más problemática con su pareja. Por ello, las técnicas (ejercicios respiratorios, contracción-relajación muscular, visualización de relaciones sexuales satisfactorias, etc.), o los fármacos que reduzcan la ansiedad y la depresión, también suelen mejorar el cuadro.

Algunos de los ansiolíticos y antidepresivos que se recomiendan para paliar la situación son éstos: diazepam, lorazepam, alprazolam, fluoxetina, paroxetina, sertralina, imipramina, etc. Deben tomarse de manera continuada y no sólo en el momento de la relación sexual. Las dosis deben ser personalizadas y adecuadas para resolver, del todo o en parte, la eyaculación precoz.

Últimamente ha aparecido un nuevo fármaco, Priligy, de los laboratorios Jansenn-Cilang, cuyo componente es la dapoxetina, un inhibidor selectivo de la recaptación de la serotonina y, por lo tanto, un antidepresivo que tomado una hora antes de la relación sexual parece incrementar el tiempo de eyaculación precoz, hasta cuadriplicarlo.

- *Anestésicos tópicos.* Las soluciones acuosas de anestésicos tópicos, como la lidocaína, no traspasan la epidermis intacta, mientras que los preparados en pomadas sí la atraviesan ligeramente. Unos toques con solución acuosa de lidocaína en la zona del glande, antes de colocarse el preservativo, para evitar el mismo efecto

Fármaco	*Presentación*
Alprazolam	Comprimidos
Cialis	Comprimidos
Diacepam	Comprimidos
Fluoxetina	Cápsulas
Imipramina	Cápsulas
Levitra	Comprimidos
Lorazepam	Comprimidos
Lubricante urológico Organon	Pomada
Paroxetina	Comprimidos
Priligy	Comprimidos
Setralina	Comprimidos
Viagra	Comprimidos

Tabla 11. Fármacos utilizados en el tratamiento de la eyaculación precoz.

anestésico en determinadas zonas de la pareja, disminuye los estímulos eróticos, y en ocasiones, mejora la eyaculación precoz, si se aplican inmediatamente antes de las relaciones sexuales.

- *Inhibidores de la 5 fosfodiesterasa.* Los fármacos Viagra, Levitra o Cialis provocan una mejor erección y una mayor duración de la misma. Esto hace que, en ocasiones, y aunque se produzca la eyaculación precoz, el varón está en condiciones de repetir la cópula y retardar sus posteriores eyaculaciones. La tabla 11 resume las dosis y los fármacos aconsejados para el tratamiento de la eyaculación precoz.

Técnicas para retardar la eyaculación

Las técnicas utilizadas habitualmente para retardar la eyaculación requieren, por parte del varón, aprender a controlar el momento preciso en que va a eyacular.

Masturbación y parada

Conseguir retardar la aparición de la eyaculación precoz requiere entrenamiento, que puede consistir, por ejemplo, en practicar la masturbación. En ésta, el varón es el único elemento de excitación, por lo que puede distinguir con más facilidad la fase del orgasmo en que se encuentra.

Cuando se está acercando a la fase del orgasmo y, por tanto, a la eyaculación, debe detener la masturbación, retardar el ritmo de las respiraciones y concentrarse en las sensaciones que nota en el pene y el escroto, aprendiendo a reconocerlas para evitar la eyaculación.

También puede comprimir el glande aplicando una presión firme entre los dedos pulgar, por arriba, e índice y corazón, por debajo, antes de que aparezca la eyaculación y hasta que la erección remita y pueda volver a empezar.

Repitiendo estas técnicas se aprende a controlar y mejorar el mecanismo eyaculatorio.

Ejercicios de tonificación de la musculatura del suelo pélvico

Estos ejercicios permiten la contracción y relajación de la musculatura de alrededor del ano, y de los músculos que controlan en parte la eyaculación, facilitando con ello su control.

Es preciso utilizar los músculos adecuados. No hay que contraer los músculos abdominales, aquellos que utilizamos para la defecación, pues lograríamos un efecto inverso al que intentamos aprender. Para realizar un entrenamiento correcto, resulta aconsejable, en las primeras fases, lubricarse un dedo (con un poco de agua es suficiente) y colocarlo en el ano. Con los músculos abdominales relajados, apretar alrededor del dedo, como si se quisiese evitar la defecación. Notaremos una presión alrededor del dedo que nos indica que el ejercicio se realiza correctamente; su repetición será la base del entrenamiento.

Una vez sabemos cómo realizar el ejercicio correctamente, podemos repetirlo a lo largo del día —ya sin el dedo—, para fortalecer la musculatura del suelo pélvico. Podemos aprovechar distintas situaciones: mientras estamos tumbados en la cama, sentados, de pie, mientras caminamos, etc.

Para cada ejercicio hay que contraer los músculos durante unos 10 segundos, y relajarlos a continuación durante otros 10 segundos más. Cuando se dominan estos ejercicios pueden realizarse en cualquier lugar y situación; sin embargo, al principio, es mejor realizarlos en lugares relajados y tranquilos, por ejemplo: sentados, cómodos, con la espalda recta y las palmas de las manos apoyadas en los muslos:

— Inhalamos aire y dirigimos nuestra atención al ano. Lo contraemos hasta notar un tirón en los testículos.

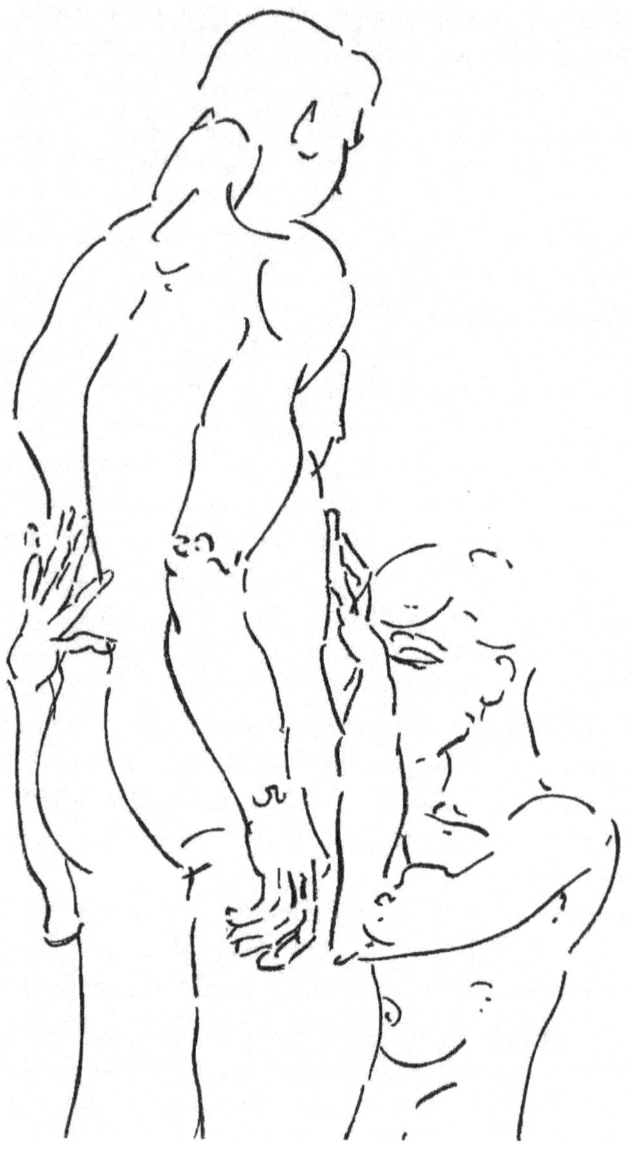

Figura 47. La técnica de focalización prioriza, durante un período determinado de tiempo, la atención sexual en determinadas zonas, evitando las relaciones coitales.

– Exhalamos aire y relajamos la contracción del ano.
– Repetimos el ejercicio, pero ahora aumentamos los tiempos de inhalación y de exhalación.

Otro momento de practicar estos ejercicios es mientras se orina. Se trata de suprimir voluntariamente el chorro de la orina, esperar unos segundos, y volver a permitir su salida. Puede suprimirse el chorro urinario 4 o 5 veces en cada micción.

«Focalización» de las relaciones sexuales

La técnica de focalización evita, durante determinados períodos de tiempo, las relaciones sexuales coitales. Se centra la atención en determinadas zonas, donde se «focalizan» los juegos sexuales (boca, labios, cuello, brazos, senos, etc.).

Las técnicas tántricas

Como hemos visto páginas atrás, las técnicas taoístas y las tántricas están en las antípodas de la eyaculación precoz, pues buscan evitar la eyaculación, que no el orgasmo, del varón.

Mediante estas técnicas se aprende a controlar incluso la respiración, y a coordinarla con los estímulos sexuales para evitar la eyaculación.

Sus practicantes, cuando notan que se excitan demasiado, retardan los estímulos sexuales, detienen sus movimientos e incluso retiran totalmente el pene de la vagina en espera de disminuir su nivel de excitación, evitando ser estimulados, sobre todo en sus genitales y demás zonas sensibles.

Saben valorar perfectamente sus sensaciones, las acompasan con su ritmo respiratorio –cuanto más lento y profundo, más control–, y no se mueven hasta que se encuentran más calmados, apretando, si fuera necesario, con los dedos el borde del glande antes de reanudar el coito.

La colaboración y el entendimiento, por parte de la pareja, de los motivos de estas prácticas también son esenciales para superar el problema.

Terapia en pareja

Sin duda, compartir objetivos con la pareja sexual, también en este punto, ayuda a entender determinadas técnicas y algunos comportamientos del varón, que realizados sin el conocimiento de la misma, son de difícil comprensión y, en ocasiones, más que facilitar, dificultan la solución del problema.

Por ello, es aconsejable que la pareja forme parte de la solución, en lugar de ser parte del problema.

Son aquellos trastornos que dificultan o impiden las relaciones sexuales coitales.

La asociación del dolor al coito hace evitar las relaciones sexuales, provoca sentimientos de culpabilidad y problemas en la relación con la pareja, y en algunos casos incluso episodios depresivos.

Se clasifican en «dispareunia» y «vaginismo», aunque algunos autores hablan de las dos entidades como un continuo.

Dispareumia o dolor en el coito

Según el DSM-IV-TR, cumplen criterios de dispareunia quienes presentan un dolor genital recurrente o persistente asociado con el coito. El trastorno causa una considerable aflicción e interfiere en las relaciones interpersonales. No se debe exclusivamente al vaginismo o a una falta de lubricación, tampoco se explica mejor por una alteración psíquica, ni se debe sólo a los efectos del consumo de alguna sustancia o a una enfermedad.

La dispareunia es una causa muy frecuente de disfunción sexual que provoca un importante malestar en la persona afectada y en su pareja.

El miedo al dolor hace evitar la actividad sexual, y ello puede generar inseguridad en la pareja, al pensar que no se es querido o deseado, y un sentimiento de culpa en la persona afectada «por no responder a las demandas de su pareja». Esta situación conduce a que, en ocasiones, las mujeres mantengan relaciones sexuales sin estar en las condiciones adecuadas, de manera que tampoco se produce una respuesta sexual satisfactoria y de nuevo aparecen los elementos que acentúan el problema.

Un gran número de mujeres ha experimentado dolor durante el acto sexual en alguna ocasión. Lo que no es normal es que ocurra en todas las relaciones. Con frecuencia, el dolor se debe a una causa orgánica, que a buen seguro se incluye entre alguna de las siguientes:

Factores anatómicos

Dificultad para introducir el pene, por estenosis del introito o de la luz vaginal, debida a anomalías congénitas: por un himen rígido, existencia de tabiques vaginales, o alteraciones producidas por una episiotomía; anomalías de la posición del útero (retroflexión uterina); o atrofia menopáusica de la mucosa vaginal, debida a carencias hormonales, fundamentalmente de estrógenos.

El tratamiento requiere la solución de cada uno de estos factores: extirpación del himen rígido o su dilatación en varias sesiones, reparación de los tabiques, las cicatrices, o las anomalías anatómicas, o tratamiento hormonal estrogénico para combatir el adelgazamiento del epitelio de la vulva y de la vagina, así como la sequedad vaginal que comporta, con cremas hidratantes o emolientes, como el aceite de onagra.

Trastornos locales

Por lo general, se deben a infecciones de la vulva, la vagina, o del glande y el prepucio, particularmente por tricomonas, clamidias, gonococos, cándidas y virus del condiloma y del herpes.

Las infecciones causadas por *Tricomona vaginalis* pueden producir enrojecimiento de la mucosa vaginal, la vulva y el introito, lo que, evidentemente, causa dolor en el coito. El diagnóstico se confirma al observar la movilidad de las tricomonas en el fluido vaginal y la presencia de polimorfonucleares o glóbulos blancos. El tratamiento con metronidazol (FLAGYL), de la mujer y de su pareja sexual, suele resolver el problema.

Las vaginitis por *Chlamydia trachomatis* y *N. gonorrhoeae*, suelen manifestarse, además de por dolor en el coito, por una descarga mucopurulenta de la vagina y de la uretra del varón, que los cultivos específicos confirman. Las infecciones por *C. trachomatis* responden bien al tratamiento de ambos componentes de la pareja con tetraciclina o doxiciclina, durante una semana. Los gonococos se tratan con otro tipo de antibióticos, los betalactámicos.

Las vaginitis por *Candida albicans* suelen manifestarse por prurito y dolor vulvovaginal, que se incrementa durante el coito. Los micelos y los hongos se detectan en el fluido blanquinoso vaginal, que los cultivos específicos confirman. El tratamiento de la pareja con cremas tópicas antimicóticas (Nistatina, Clotrimazol, Miconazol y otros), suele ser suficiente.

El virus del herpes genital produce lesiones vesículo-pustulosas dolorosas vulvovaginales, o alrededor del prepucio y del glande. El tratamiento conjunto con la pareja consiste en administrar sustancias antivíricas (aciclovir o famciclovir), por vía oral y tópica.

El virus del papiloma humano es el responsable de las verrugas venéreas y los condilomas acuminados, que se manifiestan en forma de lesiones coincidentes en masas verrugosas en los genitales y la zona anal. Requieren, según el caso, resección quirúrgica o criocirugía con nitrógeno líquido y aplicación tópica de resina de podofilino o el imiquimod.

Además de ser responsable de las verrugas venéreas y de los condilomas acuminados, el virus del papiloma humano (VPH) es también responsable del cáncer de cuello uterino. Se calcula que alrededor del 90 % de las mujeres han sido infectadas por este virus, en algún momento de su vida, y que el 25 % está infectada en su edad reproductiva.

Evidentemente, no todas las mujeres portadoras del VPH acabarán desarrollando cáncer de útero, pero la importancia y trascendencia de la enfermedad hace que se intente erradicar por medio de una vacuna. En España, desde 2009, se inició la vacunación del VPH en niñas entre 12 y 14 años.

Entre las causas orgánicas que producen dolor al practicar la estimulación vulvar (vulvodinia) se encuentra el síndrome de vestibulitis vulvar, una causa muy importante de dispareunia. Su etiología es desconocida y su incidencia puede alcanzar el 15 % en pacientes de ginecología, aunque probablemente está infradiagnosticada.

El síntoma más característico de la vestibulitis vulvar es la dispareunia persistente en el introito. El cuadro se agrava cuando no se evidencia ninguna etiología orgánica, y la paciente empieza a culpabilizarse. El asesoramiento profesional, la búsqueda etiológica y el seguimiento son fundamentales en estos casos.

El tratamiento ha de ser individualizado: hidratación vulvar, aplicación tópica de cremas corticoides en el punto doloroso...

Algunos autores plantean tratamiento con antidepresivos tricíclicos y, en caso de síntomas moderados a graves, la rehabilitación de los músculos por medio de entrenamiento y la terapia psicológica.

Muy poco frecuente es la endometriosis vaginal, entendida como la presencia de tejido endometrial en las paredes de la vagina, que puede ser también causa de dispareunia. Su tratamiento pasa, según la extensión, por la conducta expectante, la cirugía o el tratamiento supresivo hormonal con agonistas de la LH-RH (hormona liberadora de la hormona Luteinizante).

Otras causas que pueden producir cuadros de dispareunia más profunda son el síndrome uretral, que se caracteriza por urgencia urinaria, polaquiuria, disuria y, a veces dolor suprapúbico y lumbar en ausencia de hallazgos urológicos objetivos. Un elemento diferencial es que aparece con más frecuencia en mujeres en edad fértil.

Su diagnóstico es difícil, ya que los síntomas son a veces imposibles de distinguir de los causados por infecciones urinarias, tumores, cálculos, cistitis intersticial y enfermedades ginecológicas.

La cistitis intersticial es otro cuadro que puede generar dispareunia. Se trata de una patología crónica de la vejiga de carácter inflamatorio y cuyos síntomas son similares a los de la cistitis común, aunque más intensos. Los cultivos de orina son negativos, y la sintomatología no remite con tratamientos antibióticos. Suele caracterizarse por dolor pélvico, urgencia y frecuencia urinaria.

Puede asociarse también con dolor uretral, vaginal o rectal, así como dolor en la zona lumbar y con otros trastornos crónicos: fibromialgia, vulvodinia, migrañas, reacciones alérgicas, problemas gastrointestinales, etc. La cistitis intersticial es una enfermedad que produce un gran malestar emocional, y una disfunción sexual importante sobre todo por la dispareunia, aunque también se asocia a problemas de excitación y para alcanzar el orgasmo.

No existe ningún tratamiento totalmente efectivo, pero resulta más eficaz optar por uno individualizado y adaptado a cada paciente.

Vaginismo

Es definido por el DSM-IV-TR como el espasmo involuntario, recurrente o persistente, de la musculatura del tercio externo de la vagina, que interfiere en las relaciones sexuales de la mujer, provocando un marcado estrés y dificultades interpersonales, y donde no se objetiva otra causa o no es exclusivamente un efecto de otras patologías médicas.

Quien padece vaginismo siente un miedo persistente, asociado al deseo compulsivo de evitar sensaciones o experiencias sexuales. El menor intento de penetración vaginal provoca el cierre espasmódico de los músculos de la vagina, lo que impide el coito.

La diferencia fundamental entre dispareunía y vaginismo radica en que en la primera la penetración coital es posible, no ocurriendo así en el vaginismo.

La sintomatología se extiende a la imposibilidad de utilizar tampones, de introducirse un dedo, o de ser explorado ginecológicamente; problemas que acarrean una gran ansiedad en la mujer y le dificultan las relaciones interpersonales.

La respuesta fisiológica del vaginismo no se limita sólo a la esfera genital, todo el cuerpo responde arqueando la espalda (postura inadecuada para el coito), cerrando las piernas y contrayendo los músculos que rodean la vagina.

Podemos clasificar el vaginismo en:

- *Leve,* cuando la mujer puede tener relaciones sexuales satisfactorias pero es incapaz de ser penetrada. Sí puede, sin embargo, introducirse un dedo en la vagina, utilizar tampones o realizar penetración anal.
- *Moderado,* cuando existe placer en el juego erótico, pero es imposible que se introduzca un dedo o cualquier objeto.
- *Grave,* cuando es imposible la penetración y además existe un rechazo a todo lo relacionado con el sexo, acompañado de maniobras de evitación.
- *Muy grave* cuando aparece una sensación de miedo muy intensa sólo con pensar que puede haber penetración. Se asocia a un trastorno de excitabilidad y aversión.

Se diagnostica al practicar la exploración genital, que suele ser muy dificultosa, pues el mero acercamiento para introducir los dedos en la vagina provoca un rechazo intenso. Si se logra introducir los dedos en la vagina, se nota un anillo de contracción que se forma alrededor de ellos, como si del pene se tratase, que impide su avance.

Cuando la exploración física y la neurológica descartan enfermedades en este sentido, las causas del vaginismo hay que buscarlas en:

- *Miedo al dolor.* Creencia errónea fundamentada en el desconocimiento de la anatomía genital. Suele coexistir con una personalidad perfeccionista y con tintes controladores.

– *Miedo al embarazo,* pues a pesar de los numerosos métodos anticonceptivos que existen actualmente, muchas personas rehúsan utilizarlos, o temen que se produzca un fallo.
– *Problemas de relaciones sexuales anteriores,* cuyo recuerdo provoca un fuerte sentimiento de rechazo a repetirlas.
– *Educación sexual inadecuada,* que hace ver el sexo coital como algo pecaminoso y sucio.
– *Rechazo a la pareja sexual propia,* ya sea de una manera consciente o inconsciente.
– *Homosexualidad larvada.*

El vaginismo, no implica la anhedonia sexual, pues las mujeres que lo padecen pueden ser estupendas amantes, desear a sus parejas, disfrutar del sexo y tener orgasmos, siempre que no se incluya el intento de penetración en el juego.

La incapacidad para concebir es, a menudo, el detonante para acudir a la consulta de un especialista.

Otros factores que facilitan el vaginismo:

– Abusos, incesto o violación.
– Problemas ginecológicos que causan dolor.
– Sentimientos de culpa o ambivalencia con respecto a la penetración.
– Evitación fóbica a la penetración.
– Castigo inconsciente de otros problemas de la relación de pareja, asociado con represión de la sexualidad.
– Falsas creencias, ideas irracionales y desconocimiento del propio cuerpo.
– Mensajes alarmistas (ablación del clítoris, por ejemplo).

En esta disfunción, como en todas, siempre que sea posible hemos de tener en cuenta a la pareja. Respecto al vaginismo primario, se ha constatado que existen algunos factores que suelen estar presentes en la mayoría de los casos, por ejemplo el ser primera pareja los dos, y la inseguridad sexual e inexperiencia del varón.

Figura 48. Algunos trastornos sexuales persistentes, como el dolor durante el coito o el vaginismo, son un foco de insatisfacción e inducen a evitar las relaciones sexuales.

El tratamiento terapéutico se realiza desde un abordaje integral que contemple los factores orgánicos y psicológicos que pueden actuar como desencadenantes y mantenedores del deterioro de la calidad personal y de la relación sexual y de pareja: etiológico y terapia sexual.

El tratamiento más efectivo es la terapia sexual conjunta. Se lleva a cabo trabajando en la desensibilización sistemática combinando diferentes estrategias:

- Se trabajan *conceptos positivos de la sexualidad:* placer y derecho al bienestar.
- Se ofrece *información sexual y anatómica* concisa y clara del cuerpo femenino y del masculino.
- Se identifican los *múltiples mitos* que refuerzan la disfunción: tamaño del pene, aspecto del himen, miedo al embarazo, culpa, sensación de sumisión frente a la penetración, miedo al descontrol…
- Se informa sobre el *mecanismo del vaginismo,* por ejemplo, mediante láminas de dibujos de posición corporal y movimientos pélvicos.
- Se trabaja la *potenciación sensorial.*
- Se ofrece «biblioterapia».
- Se practican los *ejercicios de Kegel* conectándolos, en lo posible, con fantasías sexuales.
- Se prescriben rituales de caricias.
- Se explica cómo planificar el *ritmo masturbatorio.*
- Se muestra cómo planificar el *ritmo exploratorio:* introducir el dedo en la vagina, un tampón...
- *Se prohíbe expresamente el coito:* dando orientaciones para favorecer el acercamiento íntimo y afectivo sin experimentar angustia.
- Se aconseja el uso de dilatadores que van aumentando de tamaño de manera progresiva.
- Utilización de dilatadores que van aumentando de tamaño de manera progresiva.

– La asociación del *biofeedback*, técnica que monotoziza la musculatura perineal, puede ser de gran utilidad.

Otros tratamientos que se están utilizando, pero de los que todavía no hay suficiente evidencia científica, son hipnoterapia sola o combinada con terapia.

En este apartado se agrupan todas aquellas enfermedades, crónicas o no, cuyo sufrimiento relega al apetito sexual a un segundo plano, y cuyo tratamiento depende de la enfermedad y de su estadio evolutivo. Su enumeración es tan dilatada que queda absolutamente fuera de este contexto. A título de ejemplo, citamos, por su frecuencia, las de la tabla 12.

Mención aparte merecen las enfermedades de transmisión sexual (ETS), entre las que destaca el sida, una enfermedad infecciosa que constituye una de las principales causas de muerte en todo el mundo.

Enfermedades de transmisión sexual

En la actualidad, las enfermedades venéreas o enfermedades de transmisión sexual (ETS) revisten una importancia epidemiológica. Durante los últimos veinte años se ha producido un gran cambio en ellas; hemos pasado de las cinco enfermedades clásicas: sífilis, gonococia, linfogranuloma venéreo, chancroide y granuloma inguinal, a las ETS descritas hoy en día.

El espectro de las ETS está representado por diversos cuadros clínicos: vaginitis, cervitis, enfermedad inflamatoria pélvica (EIP), uretritis, esterilidad, hepatitis, cáncer, inmunosupresión y muchas otras.

Infecciosas	Enfermedades autoinmunes	Neoplasias	Enfermedades psiquiátricas
Tuberculosis	Lupus	Pulmonar	Esquizofrenia
Sida	eritematoso	Prostática	Depresión
Neumonía	sistémico	Mama	Ansiedad
Pielonefritis	Artritis	Cuello uterino	Adicciones a drogas
Prostatitis	reumatoide	Colon	Obesidad mórbida
Meningitis	Fibromialgia	Gástrica	Anorexia
Endocarditis	Síndrome de	Hepáticas	Trastornos obsesivo
Sepsis	fatiga crónica	Pancreáticas	compulsivos
		Hematológicas	

Enfermedades crónicas	
Hepatitis crónicas	Cirrosis hepática
Insuficiencia renal crónica	Enfermedad de Parkinson
Secuelas de un accidente vascular cerebral	Enfermedades de la médula espinal
Alzheimer y otras demencias	Vasculopatía periférica
Enfermedad pulmonar obstructiva crónica	Aneurisma de la aorta
	Cardiopatías evolucionadas

Tabla 12. Algunas de las enfermedades más frecuentes que pueden causar trastornos de la salud sexual en determinados momentos de su evolución.

En las nuevas ETS, los virus desempeñan un papel fundamental. Ello impone una primera reflexión sobre la falta de cura de alguna de estas enfermedades, que pueden incluso provocar la muerte, y por tanto, sobre la gran importancia de la prevención.

Las ETS constituyen la primera causa de enfermedades infecciosas en muchos países. Su distribución geográfica no es homogénea; la gonococia y la sífilis, por ejemplo, se hallan en un franco descenso en EEUU y Suecia, y en España se mantienen estables, en cambio, en otros países en vías de desarrollo tienen carácter epidémico. La aparición del **sida** ha producido en el mundo desarrollado un descenso de otras ETS como la sífilis, la hepatitis o la gonococia rectal.

Factores que influyen en las ETS

La edad, el sexo, el origen étnico, las conductas sexuales, la situación socioeconómica, la educación, las actitudes y los comportamientos, los problemas de diagnóstico y el tratamiento, son factores que influyen en las ETS.

El tabaco, el alcohol y las drogas también acentúan el riesgo de padecer una ETS, así como el método anticonceptivo escogido: de barrera-protectores, DIU facilitador, no uso de método facilitador.

Respecto a los problemas que surgen en el diagnóstico y posterior tratamiento de las ETS, encontramos los siguientes:

- El cuadro clínico es poco demostrativo y específico, muchas veces incluso asintomático.
- Se busca el tratamiento quizá demasiado tarde.
- Con frecuencia, las infecciones que se presentan poseen una etiología mixta.
- Por lo general, las ETS tienen consecuencias más graves para las mujeres y sus hijos.
- Suele ser necesario examinar también a la pareja, emitir un diagnóstico y recomendar un tratamiento simultáneo para ambos.
- Algunas especies bacterianas son muy resistentes y resulta difícil eliminarlas.
- Los tratamientos prolongados presentan un elevado índice de abandonos.

Las ETS en nuestro medio

A pesar de que las ETS son de declaración obligatoria en España, el insuficiente registro de los casos detectados hace muy difícil valorar cuál es la situación actual.

He aquí una clasificación de los microorganismos productores de ETS:

- Bacterias
  - *N. Gonorrhae*
  - *Chlamydia trachomatis*
  - *Treponema pallidum*
  - *Haemophylus Ducreii*
  - *Micoplasma hominidis*
  - *Ureaplasma urealyticum*
  - *Shigella* sp.
  - *Campylobacter* sp.
  - Estreptococo grupo B
  - *Gardnerella vaginalis*
  - *Mobiluncus* sp.

- Virus
  - Virus herpes tipos I y II
  - Citomegalovirus
  - Virus hepatitis B
  - Virus del papiloma humano (HPV)
  - Virus del *moluscum* contagioso
  - Virus de inmunodeficiencia humana (VIH) o sida

- Protozoos
  - *Entamoeba hystolitica*
  - *Giardia lamblia*
  - *Trichomonas vaginalis*

- Hongos
  - *Candida albicans*

- Ectoparásitos
  - *Phthirus pubis*
  - *Sarcptes scabiei*
  - *Phthirus pubis* (piojos)
  - *Sarcoptes scabiei* (sarna)

Los patógenos productores de **vulvovaginitis** son los responsables de las ETS que encontramos con mayor frecuencia: vulvovaginitis por cándidas, por tricomonas y vaginosis bacteriana producida, sobre todo, por *Gardnerella*, aunque también pueden provocarla el *Mobiluncus* o el micoplasma.

Características del flujo:

Tipo	*VVC[1]*	*VT[2]*	*VB[3]*
Color	Blanco	Verde	Gris
Aspecto	Espeso	Espumoso	Acuoso
Consistencia	Adherente	Lechoso	Fluido
pH	4,5 - 5	- 5	+ 4,5

[1] VVC: vulvovaginitis por cándidas.

[2] VT: vulvovaginitis por tricomas.

[3] VB: vaginosis bacteriana.

Infecciones gonocócicas

Están producidas por la presencia de un microbio patógeno (gonococo) en el organismo. Su período de incubación es de 2 a 5 días, y se manifiesta de diferente manera en hombres y mujeres.

En el hombre

Se caracteriza por una inflamación aguda de la mucosa con secreción por el orificio uretral eritematoso, acompañada de prurito y una sensación de quemazón. A medida que el proceso se extiende hacia la parte posterior de los genitales, van aumentando los síntomas, la mucosa deviene verdosa y espesa, y se experimenta dificultad en orinar (disuria); puede incluso aparecer una gota de sangre al final de la micción, constatarse algunos episodios de febrícula y de erección dolorosa.

En la mujer

La localización más frecuente del gonococo es en el endocérvix. La infección puede pasar desapercibida, aunque en ocasiones puede producir secreción vaginal amarillo-verdosa, dolor al orinar o picor vaginal.

También se localiza en la uretra, presentando una sintomatología idéntica a la del hombre.

Cuando la infección se convierte en crónica las molestias son escasas.

Complicaciones

En el hombre, las infecciones gonocócicas pueden derivar en prostatitis, epididimitis y cistitis.

La mujer puede desarrollar una *bartholinitis ouna anexitis*.

Existe, además, la gonococia extragenital, que afecta por igual a ambos sexos, y que puede ser oftálmica, rectal o estar diseminada; esta última se caracteriza por presentar cuadros febriles, artralgias, artritis (sobre todo de grandes articulaciones) y lesiones cutáneas.

Sífilis

En los últimos años, se ha constatado un notable descenso de la sífilis coincidiendo con la aparición del sida. Es más frecuente entre varones jóvenes y ha disminuido entre los varones homosexuales; sin embargo, sigue siendo este colectivo el que presenta mayor prevalencia.

Desde que una persona se contagia hasta que se detecta la infección en un análisis de sangre suelen pasar de 3 a 4 semanas. Los primeros síntomas (sífilis primaria) aparecen entre las 8 y 12 semanas después del contagio. Si no se trata la enfermedad, entre los 6 u 8 meses siguientes aparece lo que llamamos sífilis secundaria, y si no tratamos médicamente en este momento, en el plazo de 10 a 30 años después aparecerá la sífilis terciaria, que suele provocar la muerte.

- *Sífilis primaria.* Chancro sifilítico. Indoloro e indurado al tacto con adenopatía regional. Suele ser unilateral y estar formado por varios ganglios indoloros, duros y rodaderos, entre los que siempre destaca uno de mayor tamaño.

  En la mujer suele ser difícil ver el chancro por su posible localización en el cérvix o la vagina.
- *Sífilis secundaria.* Se caracteriza por cefaleas, febrícula, poliadenopatías, dolores articulares, astenia y afectación cutáneo-mucosa. Existe gran riesgo de contagio.
- *Sífilis terciaria.* Puede aparecer en el 30 % de los pacientes y tener carácter maligno o benigno. La sífilis benigna corresponde a la cutáneo-mucosa y a la ósea, y la maligna, a la visceral, vascular y nerviosa.
- *Sífilis congénita.* Generalmente, es prenatal; el feto la desarrolla durante el último trimestre de gestación.

Virus del papiloma humano (HPV)

El virus del papiloma humano representa una de las infecciones de transmisión sexual más común, conociéndose más de cien tipos. Se transmite por contacto directo piel con piel e infecta la piel y las mucosas de los humanos.

Los serotipos 16, 18, 31 y 33 se asocian con lesiones de mayor potencial maligno, pues pueden progresar a cáncer de cérvix o cuello uterino, el segundo tumor más frecuente entre las mujeres.

Algunos de los síntomas que sugieren la presencia de este virus son:

- Irritaciones permanentes en la entrada de la vagina, acompañadas de ardor y sensación de quemazón durante las relaciones sexuales.
- Pequeñas verrugas en la zona ano-genital.

En estas lesiones puede producirse sobreinfección, o bien pueden estar acompañadas de signos de vaginitis inespecíficas.

En la actualidad, se dispone de una vacuna altamente efectiva contra el papilomavirus, con las denominaciones comerciales del *Gardasil* y *Cervarix*, que protege contra cerca del 70 % de los casos de cáncer cervical. En España, se ha aprobado recientemente su inclusión en el calendario vacunal obligatorio, y se está empezando a administrar a las niñas de entre nueve y doce años de edad, antes de que inicien las relaciones sexuales coitales.

Enfermedad inflamatoria pélvica (EIP)

En España es una enfermedad que va en aumento, sobre todo en nulíparas menores de veinticinco años.

Presenta una etiología polimicrobiana. Entre los agentes causantes destacan la clamidia, el gonococo, los micoplasmas y la *Gardnerella*.

La incidencia de clamidia y gonococo varía según la población estudiada.

Los gérmenes pueden ascender desde la vagina por tres mecanismos:

- mediante las tricomonas,
- el esperma,
- o por efecto de las contracciones uterinas.

Los factores de riesgo contrastados son: la edad, la promiscuidad y la anticoncepción; además del abuso del tabaco, la cocaína y otras drogas.

Actualmente, se cuestiona el papel protector de los anticonceptivos hormonales orales (AHO) y del DIU.

Como secuela fundamental destacan la esterilidad y los abscesos tubo-ováricos.

Virus del herpes simple (VH simple)

Penetra a través de la mucosa con microtraumas, y permanece en estado latente en los ganglios sacroilíacos.

Produce lesiones vesiculares en el aparato genital. En el varón, suele ocupar la corona del prepucio, el frenillo y la parte externa de la uretra. En la mujer, suele aparecer en los labios de la vulva, el cuello vaginal y la vagina. Las verrugas en la zona anal pueden coincidir o no con las vaginales o del pene.

Tiene una clínica muy aparatosa, que incluye disuria, escozor, quemazón vulvar y vaginal.

Es muy recidivante; cursa a brotes, produciendo mucha desazón en el paciente.

Algunos de los factores que activan el virus VH son: el estrés, la menstruación, el coito traumático, una infección, el frío, el calor, las alteraciones hormonales, etc.

El virus VH puede actuar como cofactor en la génesis del cáncer de cérvix.

Sida

El sida (acrónimo de «síndrome de inmunodeficiencia adquirida») afecta a los humanos infectados por el VIH (Virus de Inmunodeficiencia Humana). Este virus ataca a los linfocitos T-4, que forman parte fundamental del sistema inmunológico de los seres humanos, y provoca un debilitamiento de las defensas (inmunosupresión). Como consecuencia de ello, el organismo no es capaz de ofrecer una respuesta inmune adecuada contra las infecciones y otros procesos patológicos oportunistas.

Se transmite, principalmente, a través de relaciones sexuales desprotegidas y al compartir agujas entre usuarios de drogas inyectables. También de una madre embarazada a su hijo.

El tiempo que se tarda en diagnosticar el sida desde que se produce la infección varía según el individuo. Algunas personas desarrollan algún síntoma de inmunosupresión varios meses después de haber sido infectadas, y otras permanecen asintomáticas hasta veinte años después. Cuando un individuo presenta anticuerpos frente a este virus, se le considera **seropositivo**, lo que significa que es portador del mismo y puede transmitirlo a otras personas, pero no necesariamente que vaya a desarrollar la enfermedad.

Aunque el sida no se cura, existe un tratamiento con fármacos antirretrovirales que reducen la replicación del VIH, y permiten llevar una vida casi normal, similar a la de quienes padecen una enfermedad crónica.

Hepatitis B y C

Los virus de las hepatitis B y C comparten con el VIH las mismas vías de transmisión (parenteral, sexual y vertical), de manera que la coinfección por ambos virus es un hallazgo frecuente en nuestro medio y en la práctica clínica. Su coexistencia empeora el pronóstico y acelera la evolución de la hepatitis.

Sus primeros síntomas incluyen fiebre, dolor de cabeza, dolor muscular, fatiga, pérdida del apetito, vómitos y diarrea. Cuando el hígado está muy comprometido, la orina se torna oscura, la piel y el blanco de los ojos adquieren un tono amarillento y se experimenta dolor abdominal.

Los virus de las hepatitis B y C atacan vorazmente a las células del hígado, y pueden conducir a cirrosis, cáncer de hígado, carcinoma hepatocelular y enfermedad hepática terminal.

Aunque no existe una cura efectiva, sí hay tratamientos que ralentizan o cronifican la enfermedad inhibiendo la replicación del virus y reduciendo la lesión histológica.

Prevención y futuro

Para prevenir en un futuro estas y otras ETS, es preciso llevar a cabo un plan urgente de choque, que incluya aspectos como los siguientes:

- Una mejor y más completa información y educación sanitarias.
- La detección precoz, donde la anamnesis constituye un elemento clave.
- La prevención del VIH. Hasta la aparición del sida, las estrategias de abordaje de las ETS eran el diagnóstico, el tratamiento y la búsqueda de contacto; ahora todas las estrategias se basan en la prevención del VIH, y con ello se incide en las otras.
- La formación continuada de los profesionales sanitarios.
- La declaración sistemática y rigurosa de los casos detectados.
- La investigación en vacunas efectivas.

TRASTORNOS SEXUALES INDUCIDOS POR DROGAS

En este apartado comentaremos las drogas más utilizadas en la actualidad, cuyo consumo puede producir trastornos de la sexualidad.

Existen diversos motivos por los que una persona se inicia en el consumo de drogas. Destacan los siguientes:

- El deseo de percibir la realidad cotidiana de forma diferente, pues la realidad en la que vive no le satisface.
- La falta de éxito en la consecución de objetivos personales.
- El deseo de «descubrir» nuevas sensaciones, incitado en muchos casos por la opinión de un entorno interesado.
- El deseo de imitar a otros (propio de una personalidad no consolidada, etc.).

Casi todas las drogas que comentaremos a continuación tienen, paradójicamente, fama de afrodisíacas. Quizá al principio de su consumo, estimulen el apetito sexual por distintas razones: mejoran o reducen la ansiedad, el miedo, las tensiones... Pero con independencia del motivo por el que uno se haya iniciado en ellas, lo cierto es que con el tiempo todas empeoran, por unos u otros motivos, la salud sexual.

Veamos los perfiles más sobresalientes de las principales drogas consumidas en España y sus peligros potenciales.

Alcohol

Es una de las drogas más antiguas utilizada por la humanidad, pues la ingesta de vino o de cerveza se describe ya en Egipto, en el año 3000 aC. Sin embargo, el verdadero conocimiento de su enorme poder adictivo y de sus efectos secundarios es muy reciente, pues a principios del siglo XX al alcohólico todavía se le consideraba un vicioso y no un enfermo.

Los efectos del alcohol en el organismo están en función de las dosis ingeridas y del tiempo que hace que se consume. Ello explica que, en su inicio, su consumo no se considere peligroso.

En una primera fase y en dosis moderadas, el alcohol tiene efectos euforizantes. La persona que lo toma se siente desinhibida y más segura de sí misma, por lo que hace y dice cosas que no se atrevería a hacer o decir en condiciones normales. Esta fase puede favorecer las relaciones sociales, pues facilita la comunicación y, como consecuencia, las relaciones sexuales.

En dosis grandes, el alcohol transforma los efectos euforizantes en tranquilizantes. Afecta a la coordinación y a la apreciación de distancias, al habla, al comportamiento, etc. En esta fase, la atracción y la potencia sexual quedan disminuidas.

Además, su fuerte efecto adictivo obliga a la persona a ingerir cada vez dosis mayores para lograr su equilibrio, iniciándose así una serie de problemas en todos los ámbitos personales y sociales, que no cederán hasta el abandono del hábito.

El consumo excesivo de alcohol (más de 90 ml de alcohol por día), lo que equivale a un litro de vino al día o a unos 200 ml de güisqui, coñac, ron, vodka, u otras bebidas destiladas, se asocia a un mayor riesgo de disfunción eréctil, entre el 17 y el 29 %.

Los efectos sobre la disfunción eréctil o sobre su adicción no se presentan de inmediato, lo que hace concebir esperanzas sobre una falsa inocuidad que, actualmente, nadie puede ignorar.

En los años veinte, el alcohol fue duramente perseguido como droga ilegal en Estados Unidos, pero el gobierno fracasó en su intento de

Figura 49. Aunque numerosas drogas tienen fama de afrodisíacas, en realidad todas ellas, con mayor o menor celeridad, empeoran la salud sexual.

erradicarla de la sociedad. Actualmente, es una droga tolerada, aunque no por ello menos peligrosa.

Tabaco

El tabaco tampoco favorece la salud sexual, ni la salud general de quienes lo consumen. Conocido en Occidente desde el siglo XV, con el descubrimiento de América, se ha convertido hoy en día en uno de los problemas más graves de drogadicción en el mundo. Actualmente, se estima que hay más de un billón de fumadores en todo el planeta, y a pesar de los esfuerzos de algunos Estados, como el español, sus cifras no dejan de crecer.

Está comprobado que la nicotina es el componente activo más importante del tabaco, y la responsable de la dependencia del mismo. Posee propiedades adictivas tan importantes como las de la heroína o la cocaína, y sin ninguna duda debe ser considerado una droga.

Su consumo, como el alcohol, se debe a un efecto presuntamente relajante y tranquilizante, que proporciona «seguridad» y sensación de euforia, pero en realidad lo que hace es retardar la aparición del síndrome de abstinencia que genera su propio consumo.

También son bien conocidos sus efectos negativos sobre los pulmones (bronquitis crónica y cáncer de pulmón), la laringe (laringitis crónica) y las arterias, ya sea en el cerebro, el corazón o las piernas. En las mujeres, incrementa el riesgo de padecer cáncer de útero, y en las gestantes fumadoras se triplica la posibilidad de dar a luz un bebé de bajo peso. Sus efectos nocivos sobre las arterias afectan, de manera particular, al potencial de erección del varón.

El estudio Epidemiología de la disfunción eréctil masculina (EDEM) puso de manifiesto una relación clara entre sujetos fumadores y la probabilidad de padecer disfunción eréctil. Si el individuo fumaba más de 40 cigarrillos al día, la probabilidad de padecer disfunción eréctil se multiplicaba por 2,5, en comparación con los no fumadores.

Desde enero de 2006, el tabaco en España está prohibido en numerosos espacios públicos, como bares, restaurantes, medios de transporte, lugares de trabajo, exposiciones, cines, teatros, etc.

Cánnabis

El cánnabis tampoco es, a la larga, un estimulante sexual. Tiene su origen en China y Asia Central, unos dos mil años a. C. A Occidente llegó tarde, pues la sociedad griega clásica y la romana no lo utilizaron como sustancia estimulante, sino como fibra textil, como medicamento y para la obtención de aceite.

Este desconocimiento de las propiedades del cánnabis retrasó su difusión como droga hasta la expansión del islam, a partir del siglo VII. Para esta cultura, en cambio, desempeñó un papel decisivo como sustancia euforizante y como sustituto del alcohol, el cual sí estaba prohibido.

Actualmente, sabemos que sus efectos se deben a una serie de mediadores químicos llamados tetrahidrocanabinoles (THC), que estimulan distintos receptores que existen en numerosas células de nuestro organismo.

A nivel neuronal liberan dopamina, reduciendo con ello la ansiedad y la sensación de malestar inespecífica. En dosis mayores y en fumadores de cánnabis crónicos, provoca cambios del comportamiento, risa fácil, sensación de euforia, alteraciones de la memoria y de la capacidad de juicio, y numerosos problemas sociales derivados de estos cambios: mayor tasa de absentismo laboral y la consecuente pérdida del empleo, abandono de los estudios, mayor conflictividad e incremento de la tasa de accidentes, motivos todos ellos suficientes para poner en cuarentena su falsa inocuidad.

Es especialmente peligroso entre los jóvenes, y su condición de sustancia prohibida, pero «tolerada», aumenta su peligroso atractivo, que finalmente se paga en forma de conflictos personales y sociales y abriéndose a nuevas adicciones.

Drogas de diseño

Por drogas de diseño, entendemos aquellas sintetizadas y fabricadas de manera clandestina, o no regulada, de fármacos ya conocidos por la industria farmacéutica, pero abandonados por su falta de interés terapéutico o por su toxicidad. En algunos casos, se trata de fármacos nuevos, pero no bien estudiados, de los que se desconocen sus efectos secundarios y su posible toxicidad.

El *éxtasis* es una de las más utilizadas. Desde el punto de vista químico, es la 3,4 -metileno-dioxi-meta-anfetamina (MDMA). Es, pues, un derivado de la anfetamina, sintetizado en 1912, que nunca llegó a comercializarse por sus numerosos efectos secundarios. Desde la década de los noventa, tiene una notable importancia como droga de consumo habitual, en forma de pastillas, durante los fines de semana, sobre todo entre los jóvenes.

Sus efectos aparecen muy rápidamente, entre los veinte y los sesenta minutos posteriores a su toma oral; su pico máximo se alcanza al cabo de una o dos horas y a partir de ahí va descendiendo hasta desaparecer después de unas ocho horas.

Cuando esta sustancia llega al cerebro favorece la liberación de determinados neurotransmisores, como la dopamina, la serotonina y la noradrenalina. Como consecuencia de ello, aparece la euforia y se siente mayor confianza en uno mismo, lo que hace más fácil la comunicación con los otros. Además, aumenta el deseo sexual; por eso también se conoce al éxtasis por *Adán* o *Droga del amor*.

En función de la dosis y del tiempo de consumo, aparecen también trastornos de conducta, de las emociones y de la memoria, entre otros. Los cuadros psicóticos, con alucinaciones, visiones, audición de palabras y sonidos que no existen, interpretación inadecuada de la realidad, etc., son frecuentes entre sus consumidores.

Éxtasis líquido (GHB)

No debe confundirse la toma de pastillas de éxtasis (MDMA), con el éxtasis líquido (GHB), conocida como la *droga de los violadores,* pues causa una disminución del estado de conciencia, pérdida de fuerza, de reflejos, de memoria, e incrementa el apetito sexual.

Estos fármacos se consumen habitualmente los fines de semana por las sensaciones que producen: euforia, incremento del estado de alerta, «buen humor», falta de cansancio, aumento de la sociabilidad, etc.

El riesgo más inmediato que supone tomar estas drogas de diseño es el llamado «golpe de calor». Éste se produce por la falsa sensación de fuerza que anula los mecanismos de alarma del organismo y altera el sistema de regulación de la temperatura corporal, pudiendo alcanzarse cifras de 41 ºC y superiores, que pueden causar arritmias mortales. También se han descrito palpitaciones, agitación, temblores, alteraciones del ritmo del corazón, incremento de la presión arterial, accidentes vasculares cerebrales, etc.

Su uso crónico va acompañado de cuadros de depresión y escaso apetito sexual, paradójicamente aquello que desencadenaba su consumo.

Cocaína

Tampoco es un estimulante sexual aconsejable. Su historia, al igual que la del tabaco, se inicia con el descubrimiento de América, pero el cultivo de coca en los Andes peruanos se remonta a 5.000 años aC., pues los conquistadores incas aprendieron de los primitivos habitantes andinos su uso y cultivo. Éstos mascan las hojas de coca, o la emplean como infusión, para obtener una sensación de aumento de su energía, que disminuye el cansancio, el hambre y la sed.

El alcaloide o sustancia activa de la coca se aisló en 1860, pero su consumo mediante aspiración nasal no se inició hasta principios del siglo XX. La pasta base se obtiene por maceración de las hojas de coca con ácido sulfúrico (se precisan 100 kg de hojas de coca para obtener 1 kg de pasta base de coca). Esta pasta, una vez seca, puede fumarse habitualmente mezclada con tabaco o marihuana *(basuko, suko, susuki,* etc.).

Si se trata posteriormente esta pasta base con ácido clorhídrico, se obtiene la cocaína en polvo (nieve), que puede esnifarse o administrarse por vía intravenosa.

El crack es una nueva forma que deriva del clorhidrato de cocaína. Se fuma, lo que le da una rápida y gran potencia, ligado a una fuerte dependencia.

La cocaína, en sus distintos medios de administración, es un fuerte estimulante del sistema nervioso central. Sus efectos más comunes son euforia, aumento de la energía, del estado de ánimo, de la confianza y excitación en grado superlativo. La persona tiene sensación de grandiosidad y de poder lograr todos sus objetivos.

El mito que ha rodeado a esta droga durante demasiado tiempo, encasillándola como droga «benigna», no se corresponde en absoluto con la realidad. Aumenta la presión arterial y la frecuencia del corazón, lo que propicia los infartos de miocardio, los accidentes vasculares cerebrales, las arritmias cardíacas y las anginas de pecho. Altera la capacidad de juicio, los patrones del sueño, incrementa enormemente la agresividad y produce suma inquietud, desasosiego, ansiedad, sudoración y sequedad bucal.

Puede crear una fuerte dependencia en cuestión de semanas, además de necrosis del tabique nasal.

Sobre las relaciones sexuales, incrementa su deseo en una primera fase, aunque dificulta o retrasa el orgasmo, quizá debido a sus efectos anestésicos sobre las mucosas. A la larga, disminuye el deseo y la actividad sexuales.

Narcóticos. Opio y derivados

El *opio* y sus derivados tampoco son unos recién llegados al mundo de las drogas. El empleo de la adormidera *(Papaver somniferum)* por sus efectos medicinales es conocido desde hace seis mil años; la planta posee propiedades analgésicas, anestésicas y euforizantes.

Desde China, el opio fue introducido en Europa en el siglo XIX, a través de los canales comerciales creados por el imperio británico.

Friederich Serturner aisló la *morfina* del opio en 1810, y la denominó así en honor a Morfeo, dios del sueño, por producir una acusada somnolencia. A partir de entonces, se utilizó en medicina, con las mismas aplicaciones del opio: tratamiento de diarreas, analgésico, anestésico y somnífero.

Su verdadero potencial como droga apareció en 1858, cuando empezó a administrarse por vía hipodérmica. Con la vía endovenosa de la morfina se definió el «morfinismo», entendido como un deseo incontrolable de administrarse morfina.

La *heroína* es un derivado de la morfina (diacetilmorfina). Presentada en forma de polvo y «cortada» con otras sustancias como el talco o la lactosa, puede esnifarse, fumarse, tragarse o inyectarse por vía subcutánea o endovenosa.

Los opioides producen un intenso y transitorio estado de placer. Inicialmente, provocan euforia, seguida de un período de tranquilidad extrema, lenguaje entrecortado, deterioro de la atención y de la memoria, somnolencia, etc. La adicción que produce su uso y la depresión que causa sobre el centro respiratorio hacen muy peligrosos a los mórficos, pues una sobredosis o una respuesta inadecuada pueden producirle la muerte por parada respiratoria.

La satisfacción sexual queda muy lejos de los objetivos del morfinómano, cuya vida gira alrededor de dicha droga, hasta que ésta lo finiquita.

Conclusión sobre las drogas

Los efectos negativos de las drogas comentadas las descalifican como estimulantes o complemento de juegos sexuales. Nunca resuelven problemas, tampoco en el campo de la sexualidad, pero, sin duda, acarrean más.

El término «parafilia» es de por sí bastante claro, pues significa desviación de la forma correcta *(para)*, de aquello que es atractivo para el individuo *(filia)*.

En este apartado se incluyen, por ejemplo, todas aquellas desviaciones, fantasías o comportamientos sexuales recurrentes y altamente excitantes, que centran su «objeto sexual» en:

- Objetos (sostenes, medias, bragas, zapatos, objetos personales, etc.) de los que se hacen «fetiches» sin los cuales el individuo no puede satisfacer su apetito sexual. A este tipo de parafília se la denomina **fetichismo**.

  Su sintomatología esencial consiste en necesidades sexuales intensas y recurrentes que implican el uso de objetos para obtener un acto sexual placentero. Suele tratase de objetos no animados: prendas de lencería, guantes, *piercings,* antifaces, vestidos, zapatos, sombreros, etc.

  En la variedad de **fetichismo travestista,** la excitación sexual se realiza con las prendas de vestir utilizadas para travestirse. Este fenómeno se observa sólo en varones heterosexuales, y no debe confundirse con los trastornos de identidad sexual. Cuando se ha travestido, suele masturbarse e imagina que otros hombres se sienten atraídos por él, como si fuera una mujer.

Figura 50. Determinadas prendas pueden transformarse en «fetiches»
esenciales para satisfacer el apetito sexual.

- El ***voyeurismo*** consiste en la obtención de placer sexual por el mero hecho de mirar a una persona mientras realiza determinadas tareas íntimas (desvestirse, ducharse…), sin buscar ningún tipo de relación con ella. Por lo general, el orgasmo se produce por masturbación, en el mismo momento o como recuerdo de la persona que se ha observado.

  En su forma más extrema, el *voyeurismo* constituye la forma exclusiva de actividad sexual.

- El **exhibicionismo** consiste en un impulso irrefrenable a mostrar los órganos genitales en público. Sería todo lo contrario del *vo-*

yeurismo; el individuo obtiene placer por el mero hecho de ser observado.

- El *frotteurismo* consiste en intensas y recurrentes necesidades sexuales, durante por lo menos seis meses, en las que el individuo precisa del roce y del frote contra una persona que no consiente, para su disfrute sexual.

  Por lo general, quien padece esta alteración suele utilizar lugares públicos muy concurridos, como el metro o el autobús, para poder justificar su conducta, en caso necesario. Debido a su frecuencia, en algunas ciudades se han instalado vagones de metro exclusivos para mujeres.

- El sufrimiento o la humillación propios (masoquismo), o del compañero sexual (sadismo sexual).

  El **sadismo sexual** implica necesidades sexuales recurrentes, con actos reales en los que el sufrimiento físico o psicológico de la víctima resulta sexualmente excitante.

  El **masoquismo sexual** implica la necesidad de ser humillado, golpeado, insultado o de soportar cualquier tipo de sufrimiento (descargas eléctricas, pinchazos, latigazos, etc.) para conseguir satisfacción sexual.

- **Abuso sexual.** Consiste en la práctica de relaciones sexuales sin el consentimiento de la pareja sexual. Con frecuencia va unido a la violencia. Cuando el abuso es a menores, hablamos de **pedofilia**.

- **La zoofilia** se refiere a aquellos que centran su filia como objeto sexual en animales.

- **La necrofilia,** además de una alteración, es también una perversión sexual de quien trata de conseguir el placer erótico con cadáveres.

Las personas que padecen alguna de estas alteraciones suelen ser con mayor frecuencia varones, aunque su prevalencia se desconoce, pues suelen guardar el secreto con absoluta reserva.

Cuando las alteraciones se manifiestan de forma ininterrumpida durante un período superior a los seis meses, se considera que el individuo precisa ayuda especializada.

Algunos trastornos o comportamientos pueden reconducirse con el tratamiento adecuado (psicológico, farmacológico…); otros pueden constituir un trastorno grave, en el que se reincide, punible por la ley, y difícil de erradicar por completo.

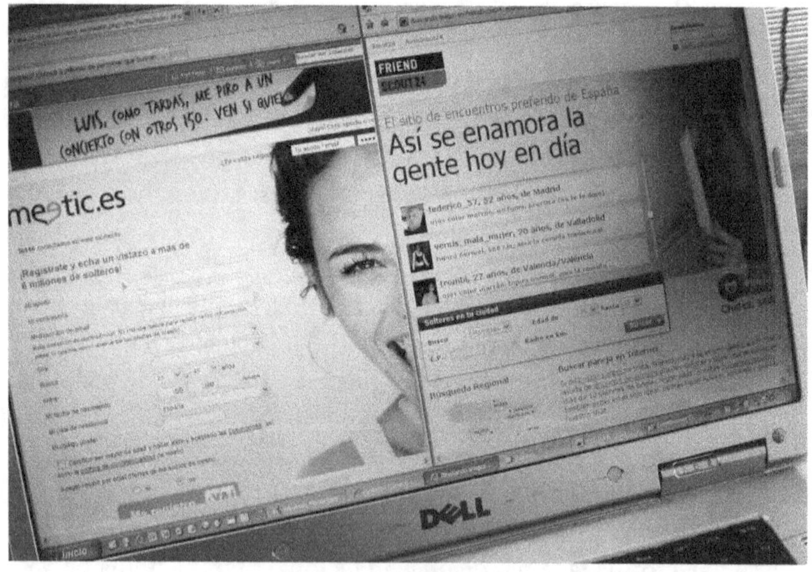

Figura 51. Internet posibilita el trasiego de todo tipo de imágenes, películas, fotografías… Cómo pueden utilizarse es otra cosa.

Internet es una gran ventana al mundo en la que cualquier persona puede asomarse y compartir e incrementar con otras todo lo que tiene en su imaginación.

Esta gran red o red de redes que afecta y modifica notablemente nuestro estilo de vida, puede modificar también nuestra vida sexual.

Cualquiera puede, por tanto, decidir si prescinde o no del *cibersexo*, o participa en las numerosas web que existen al efecto, con todo tipo de ofertas sexuales, que incluyen desde las charlas con contenido erótico, la demanda de *striptease* y de determinadas prácticas *voyeuristas* por medio de la *web-cam*, a la visión de *ciberporno* en fotografías, en directo o en películas, pasando por la búsqueda de imágenes y práctica de todo tipo de relaciones sexuales, incluidas las aberraciones sexuales (bacanales, zoofilia, sadomasoquismo, pornografía infantil…).

La inmensidad del medio impide su regulación. Existe el peligro potencial de que alteraciones latentes puedan materializarse, se incrementen las adicciones al sexo, y los trastornos sexuales se conviertan en una amenaza cada vez más próxima e importante. Ante esta realidad, la mejor vacuna es, como siempre, una correcta formación.

OTRAS ALTERACIONES DE LA SALUD SEXUAL

En este apartado se tratan aquellas alteraciones que no se pueden incluir en los apartados anteriores; por ejemplo, sentimientos inadecuados respecto al tamaño o forma de los órganos sexuales, rendimiento sexual poco satisfactorio, adictos al sexo o los transexuales.

La *adicción* al sexo es una de las adicciones más negadas en nuestra cultura, y fuente, como cualquier otra adicción (juego patológico, alcohol y otras drogas, trabajo, etc.), de problemas que no terminan hasta que se admite y se supera.

La/el adicto sexual niega su dependencia y la justifica como otra manera cualquiera de ser. Pero como todos los adictos, su adicción termina por crear problemas en su vida diaria y con las personas que le rodean y con las que convive.

Las masturbaciones compulsivas, las ideas continuadas de sexo, el consumo inmoderado de pornografía, las insinuaciones sexuales a casi todas las personas de su entorno, el «sexo gratuito» con desconocidos, las insinuaciones inadecuadas, etc., terminan por hacer de él/ella una persona insoportable con quien es difícil convivir, y se relega a la soledad o a guetos de adicción.

En cuanto a los trastornos de la identidad sexual, los/las *transexuales*, mas allá del travestismo fetichista, obtienen placer sexual al vestirse con determinadas ropas del otro sexo, buscando con ello la transformación de la identidad sexual y de género que le ha proporcionado la naturaleza.

La persona *transexual* tiene la sensación de *estar atrapada en un cuerpo con sexo y género equivocado*.

Si lo que buscamos es la causa de este trastorno, poco podemos aportar, pues la persona es totalmente «normal» en cuanto a la coincidencia de su sexo natural con el cromosómico, el gonadal, el de sus genitales internos o externos o en sus niveles hormonales, etc. A pesar de ello, la persona se siente totalmente en desacuerdo, no sólo con la orientación sexual que le correspondería, sino también con su sexo y su género; además, su forma de pensar y sus sentimientos no coinciden con los que cabría esperar del cuerpo con el que ha nacido y desea «transformarlo».

Para seguir adelante con el cambio de género y de sexo, es necesario someterse a un largo protocolo médico que requiere la visita, el asesoramiento y el trabajo de un amplio, complejo y experimentado equipo de profesionales: médico de familia, internista, psiquiatra, psicólogo, urólogo, ginecólogo, endocrinólogo, cirujano, asistente social, etc., que valorarán a cada individuo en particular y decidirán sobre una labor compleja y no exenta de efectos secundarios.

El tratamiento, evidentemente, está en función de si se intenta una transformación de mujer a varón o de varón a mujer.

En la transformación de mujer a varón se prescribe un tratamiento con testosterona, la hormona masculina, además de eliminar quirúrgicamente los ovarios, los genitales internos y externos y las mamas. A continuación, se crea un falo o pene, siguiendo determinadas técnicas que le proporcionan tejidos vascularizados, sensibilizados y con capacidad para recibir una prótesis de pene. En la actualidad, son posibilidades reales.

La transformación de varón a mujer precisará también un tratamiento con hormonas, en este caso femeninas, y eliminar la fuente principal de hormonas masculinas, los testículos, para lo cual habrá que prescribir fármacos antiandrógenos. Asimismo, será necesario someterse a otras técnicas o cirugías localizadas: depilación, terapias de voz, rinoplastias o modificación del tamaño y tipo de nariz.

Después de extirpar el pene y los testículos, es posible crear una cavidad vaginal invirtiendo la piel del miembro y utilizándola para alinear la vagina entre los músculos del área perineal.

Capítulo 6
Sexualidad lúdica

Sexualidad lúdica es una expresión que cada vez nos resulta más familiar. Pero seguramente no todos entendemos lo mismo, ya que es un concepto nuevo, poco definido y, por tanto, susceptible de interpretaciones subjetivas.

Si hiciéramos una breve encuesta entre nuestros conocidos, nos daríamos cuenta de la multitud de significados e interpretaciones distintos que tiene. Desde interpretaciones jocosas, cómplices o libidinosas hasta otras relacionadas con lo que entendemos actualmente por sano y saludable.

Muchas personas relacionan lo lúdico con la banalización de la sexualidad. Otros opinamos diferente. Pensamos que la diversión, la satisfacción, el bienestar o el placer no están reñidos ni con el rigor científico ni con la seriedad del tema.

Nuestra sexualidad se expresa de manera acorde a lo que acepta y refleja la sociedad en la que vivimos. Una sociedad cada vez más igualitaria y hedonista, donde la inmediatez se impone, gracias a la cual podemos entender los nuevos o viejos, sin duda más generalizados, deseos y convicciones del derecho que tenemos a desarrollar y disfrutar de nuestra sexualidad.

Lo lúdico se asocia a juego, pero no es solamente esto. Las personas necesitamos disfrutar de esa parte que llamamos espacio lúdico, de ocio; de hecho, se asume como una dimensión del desarrollo humano necesario para crecer, descansar, desconectar, reactivar la energía... en definitiva, para sentirnos bien.

Figura 52. Nuestra sexualidad evoluciona y se manifiesta de manera acorde con lo que acepta y refleja la sociedad en la que vivimos.

Nuestra faceta lúdica puede ser muy amplia y expresarse en múltiples campos: el cognitivo, el relacional, el sexual... Al crecer y convertirnos en adultos, muchas veces olvidamos lo divertido y lo importante que es el juego en nuestras vidas. El juego está integrado en la mayoría de elementos que componen nuestra infancia, y lo inteligente sería ir adaptándolo a nuestro desarrollo, conservando su finalidad de entretener, de divertirnos, de proporcionarnos alegría, bienestar, subidones de adrenalina, creatividad, conocimiento y, cómo no, placer.

Podríamos describir la sexualidad lúdica como una sexualidad divertida, donde el juego se convierte en un elemento importante para el placer.

Las conductas positivas, y en especial el buen sexo, producen bienestar y actúan como refuerzos para continuar realizándolas.

James Olds descubrió en 1950 el sustrato neurofisiológico del placer. Observó que en las ratas, cuando estimulaba determinadas zonas del sistema límbico, éstas se olvidaban de sus instintos básicos como el hambre, la sed o incluso la seguridad, para dedicarse por completo a la obtención del placer.

Los sentidos son activados por los estímulos sexuales, proyectándose directamente a los centros del placer.

A medida que crecemos, vamos perdiendo sensibilidad. Nuestros sentidos se embotan, los sentimientos y las emociones pierden su importancia a favor de la lógica. Aprender a tener conciencia corporal, redescubrir el cuerpo, ser consciente de él y de sus diferentes partes es esencial para disfrutar del placer sexual.

Desde antaño, las personas hemos buscado elementos mágicos o reales que de manera complementaria nos estimulen para disfrutar sexualmente: pócimas de amor, sortilegios, juguetes eróticos…, son elementos que estimulan la fantasía, la imaginación y la libido.

¿Quién no ha oído hablar de los **afrodisíacos**? Esas sustancias que se supone aumentan el deseo o la potencia sexual. Se atribuye tal proeza a las ostras, la canela, los espárragos, el caviar, el chocolate, el apio…, y otros mucho más sofisticados y peligrosos como el cuerno de rinoceronte, los testículos de toro o el pene de diferentes animales, cuyo consumo ha llevado a algunas especies animales al borde de la extinción.

Seguramente todos, en algún momento, hemos utilizado alguno de estos alimentos al imaginarnos nuestra escena erótica. Y habremos comprobado que funcionan mejor en nuestra imaginación. Éstos y muchos otros funcionarán como afrodisíacos sólo si nosotros queremos, si tenemos una actitud de predisposición a dejarnos llevar por los sentidos y a disfrutar del sexo.

La incorporación de los juguetes eróticos en las prácticas sexuales individuales y de pareja también es un hecho que va en aumento. Ya no nos resultan tan extraños, hemos oído hablar de ellos en programas de televisión, en anuncios publicitarios, a nuestros compañeros/as de trabajo, e incluso los hemos visto en el supermercado. Cuando los vemos u oímos que hablan de ellos, prestamos atención.

Los **juguetes eróticos** siempre han existido. La diferencia con respecto al pasado es que ahora cada vez hay más personas que los utilizan. Ayudan a incrementar la conciencia corporal, a redescubrir el cuerpo, a implicar a la pareja y aumentar su complicidad. Rompen la monotonía y te roban una sonrisa. También disminuyen la ansiedad ante

Figura 53. Diversos tipos de cremas y lubricantes sexuales.

una relación sexual en la que nos sentimos inseguros. En definitiva, unen el juego y la diversión al placer sexual

En la antigüedad, los griegos, egipcios y romanos, entre otros, también utilizaron juguetes eróticos para disfrutar más del sexo. Los pueblos orientales, por ejemplo, ataban con seda la base del pene para prolongar la erección, y utilizaban aceites, aromas, esencias, y todo tipo de artilugios que introducían en diferentes cavidades corporales para producir placer.

Actualmente, los aceites, las cremas y los lubricantes son los elementos eróticos más solicitados. Se nos ofrecen en distintos sabores: fresa, piña, fruta de la pasión e incluso, para los más sofisticados, fresas con cava. Sirven para estimular el contacto, investigar las sensaciones corporales, descubrir tu cuerpo o el del otro, demostramos que la sexualidad no es sólo genitalidad. Con las últimas novedades, como la pintura de chocolate, los polvitos de miel o los de frambuesa, puedes descubrir tu capacidad artística dibujando y saboreando el cuerpo de tu pareja.

Los vibradores, estimuladores de clítoris, de vagina o de recto, además de estimular las zonas genitales sirven para jugar también con todo el cuerpo. Son juguetes muy interesantes, ya que pueden ayudar

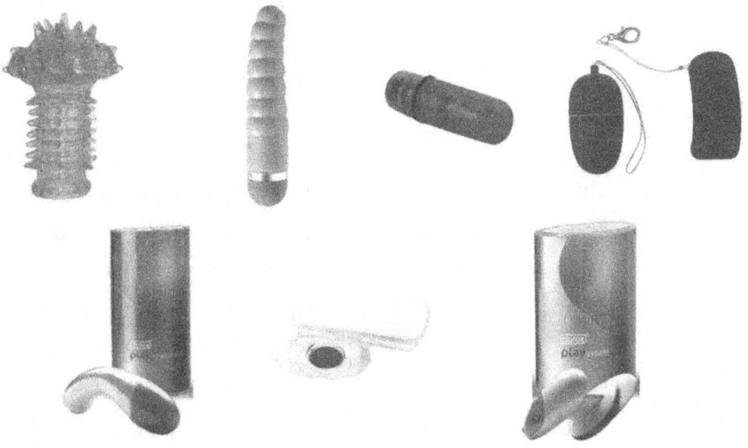

Figura 54. Distintos tipos de vibradores y estimuladores sexuales.

en el conocimiento de las distintas fases de la respuesta sexual y facilitar el orgasmo. Es una manera divertida y placentera de investigarte a ti y a tu pareja (véase la figura 54).

¿Qué más tenemos?

Los anillos vibradores, normalmente de silicona, se colocan en la base del pene. El anillo presiona levemente el miembro provocándole una sensación de mayor erección, y su vibración estimula la vulva de la mujer durante la relación coital.

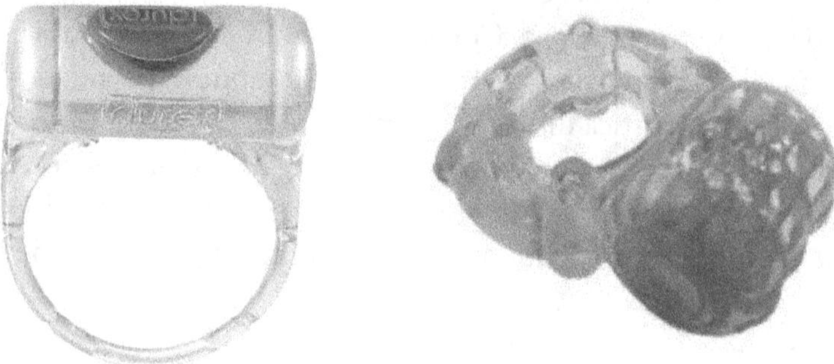

Figura 55. Anillos vibradores.

Las bolas chinas son dos bolas, a veces de diferente textura, unidas por un cordón, que se introducen en la vagina. Aparte de estimular los genitales internos femeninos, fortalecen la musculatura vaginal, por lo cual resultan muy útiles para aquellas mujeres que, por la edad o por el esfuerzo de los partos, tienen riesgo de padecer prolapsos genitales (descolgamiento de la matriz o de la vejiga) o incontinencia urinaria. Actualmente, se recomiendan también en mujeres adultas jóvenes, ya que es una manera de «tomar conciencia» de que se tiene vagina y de sensibilizar sus paredes.

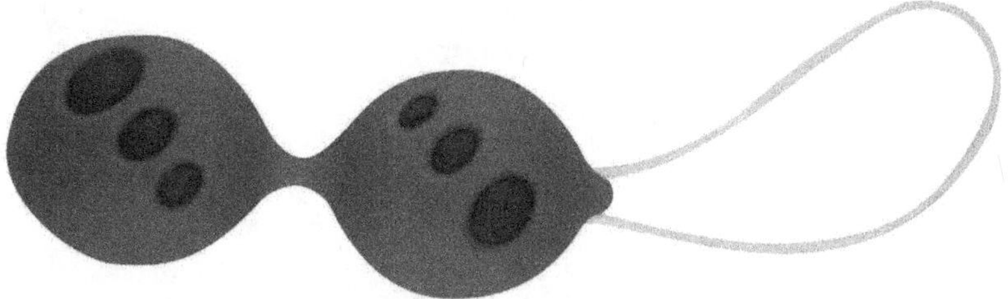

Figura 56. Modelo de «bolas chinas».

Los juguetes son curiosos, interesantes y divertidos, pero solamente con incorporarlos no mejoraremos nuestra sexualidad si no somos capaces, además, de tener una actitud positiva, de sentir y asumir nuestra sexualidad y el placer que nos proporciona como algo positivo.

Cuanto más cultivemos nuestra sensualidad y nuestras sensaciones, más intensa será nuestra sexualidad.

Si tenemos problemas y no conseguimos disfrutar plenamente de nuestro cuerpo, la terapia sexual ofrece la posibilidad de desarrollar de forma natural las respuestas sexuales, trabajando la inhibición y potenciando la estimulación sensorial y psíquica.

Para acabar el capítulo, una cita de Ambrosio García Leal, biólogo e investigador:

«Acabemos ya con esa conjura. Somos una especie seleccionada para una sexualidad lúdica: ¿por qué aún seguimos penalizándola con lastimosas inercias culturales?».

Consideraciones finales

¿A quién consultar los problemas de salud sexual en la sanidad pública?

La salud sexual también tiene su sitio en nuestra sociedad, aunque está todavía un poco «olvidada», a pesar de encontrarnos ya en el siglo XXI.

Son pocas las historias clínicas de los médicos de familia, considerados el primer escalón de la sanidad, en las que conste el apartado de salud sexual de la persona, y también son pocos los pacientes que acuden a sus consultas ex profeso a exponerles sus problemas sexuales.

Un estudio realizado en el año 2005 en el centro de asistencia primera Sagrada Familia, en Barcelona, confirma estos hechos, pues el

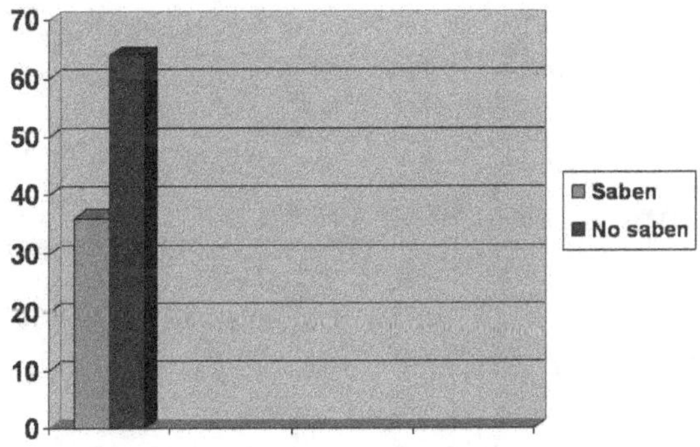

Figura 57. El 64 % de las personas adultas no sabe a quién consultar sus problemas sexuales en la sanidad pública.

64 % de los pacientes a los que se les preguntaba si sabían a quién consultar sus problemas sexuales, respondían con un NO.

El 36 % restante diversificaba su posible consultor en el/la: médico de familia (56 %), urólogo o ginecólogo (21 %), sexólogo (11 %), psicólogo (4 %), andrólogo (2 %) y familiares y amigos (6 %).

De hecho, cualquiera de los profesionales citados puede ser de gran ayuda a la persona que se decide a consultar su problema, ya sea por la atención prestada o por la oportuna derivación a otro especialista, en función del organigrama de cada zona sanitaria.

«Sin excusas»

Ni la diabetes, ni la hipertensión, ni el estrés, ni la ansiedad, ni la vergüenza, ni ninguna otra excusa es válida para no disfrutar plenamente de nuestra sexualidad.

La salud sexual es parte esencial del estado de salud general de las personas. Ignorar y no tratar las alteraciones en la función sexual puede tener un impacto negativo en nuestra salud general, en nuestra felicidad y calidad de vida y en nuestras relaciones de pareja. Además, tales alteraciones pueden tener su origen en una patología de mayor gravedad. Por ello, y porque los problemas sexuales tienen hoy en día diversas y eficaces soluciones, es preciso consultar al médico o al especialista cuando observamos los primeros síntomas.

Visión global de la salud sexual

Es difícil hablar de «normalidad» en la intensidad o en la frecuencia de las relaciones sexuales, pues la sexualidad no es sino un aspecto más de las distintas edades, de los diferentes estados de salud física y mental, y de las casi infinitas personalidades que componen nuestro mundo.

Entre las múltiples facetas de la vida de cada persona, la sexualidad oscila desde unos extremos teóricos, personas que voluntariamente renuncian a su sexualidad «sublimándola», hasta otros mucho más materiales, aquellas que hacen de su sexualidad el factor más importante y trascendente de su vida.

Por otra parte, el desconocimiento que muestran los usuarios de los sistemas nacionales de salud en cuanto al especialista más adecuado para resolver sus disfunciones sexuales (médico de familia, urólogo, ginecólogo, psiquiatra, sexólogo, andrólogo, etc.), nos habla, aunque sea de una manera indirecta, de la complejidad del tratamiento de los problemas sexuales, y de la necesidad de abordarlos de una forma global y a la vez especializada.

Si analizamos alguna de las disfunciones sexuales descritas, por ejemplo, la disfunción eréctil del varón, encontramos que puede ser causada por *factores biológicos*, entendidos como aquellos que pueden determinarse mediante análisis clínicos o métodos exploratorios, como la diabetes *mellitus*, la hipertensión arterial, las polineuropatías, la dislipemia, las arteriopatías, etc. Estos factores pueden, a su vez, complicarse y ser causa de *problemas psicológicos*, como ansiedad, depresión, pérdida de la autoestima, etc., y éstos, a su vez, pueden ser causa de *problemas sociales*, traducidos en un menor rendimiento personal, familiar, laboral y social.

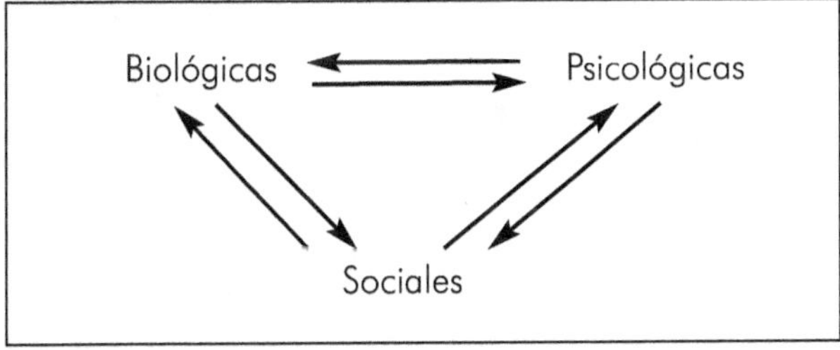

Figura 58. Interacción biopsicosocial de la salud sexual. Las causas biológicas, psicológicas y sociales, también en la sexualidad, están relacionadas.

Pero también a la inversa es cierto, de manera que problemas puramente sociales como un exceso de trabajo o todo lo contrario, el paro, problemas económicos, de relaciones familiares, con la pareja, etc., pueden traducirse en alteraciones psicológicas como ansiedad, aversión a las relaciones sexuales, depresión, falta de deseo sexual, adicciones a la comida o al alcohol, etc., que a su vez se transformen en problemas biológicos.

Existen, pues, conexiones entre estos factores, que de alguna manera se complementan o retroalimentan.

Tener presente esta visión globalizadora de la persona, con sus disfunciones sexuales, analizando el problema en el presente y también lo ocurrido en su pasado; incluir a la pareja en la solución, cuando esto sea posible, así como tratar los factores de salud y socioambientales que rodean a la persona… Todo ello contribuirá a encontrar una solución a los problemas que causan las disfunciones sexuales y el distrés que las acompaña.

Glosario

adicción: estado de dependencia físico o psíquico de un hábito o una droga.

afrodisíaco: derivado de Afrodita, diosa del amor. Todo alimento o fármaco que estimula el instinto sexual.

agonista: 1. Fármaco que estimula la actividad fisiológica de los receptores celulares que reaccionan, en condiciones normales, a las sustancias naturales. 2. Que realiza la misma función que determinado fármaco.

alzheimer: demencia senil progresiva que cursa con pérdida de memoria, de las funciones intelectuales y cognitivas y con alteraciones de la personalidad.

andrógeno: cualquier sustancia que posea acción virilizante, como las hormonas masculinas. Los andrógenos se producen en gran cantidad en los testículos y en menor proporción en las glándulas suprarrenales del hombre y de la mujer.

aneurisma: saco formado por la dilatación de una pared de una arteria, una vena, o del corazón.

anillo peneano: material de forma anular que se coloca en la base del pene para facilitar y mantener la erección.

anorgasmia: ausencia o insuficiencia de orgasmo o placer en las relaciones sexuales y en el coito.

ansiedad: sentimiento de aprensión, incertidumbre y temor, que se produce sin estímulo manifiesto, y se acompaña de cambios fisiológicos como taquicardia, temblores, sudoración, etc.

anticonceptivos: cualquier dispositivo o medicamento utilizado para permitir el coito sin riesgo de concepción.

aparatos de vacío: enseres empleados para crear condiciones de baja presión y facilitar la erección del pene.

apomorfina: sustancia utilizada para el tratamiento de la disfunción eréctil.

areola mamaria: zona pigmentada alrededor de los pezones, que se dilata levemente durante la excitación sexual.

AVC: accidente vascular cerebral. Enfermedad causada por lesiones de origen vascular (embolias, trombosis o hemorragias) en el cerebro. Provoca lesiones motoras o sensitivas residuales.

aversión sexual: rechazo extremo a las relaciones sexuales.

bacanal: de Baco, dios griego del vino. Orgía tumultuosa de carácter sexual, organizada en su honor.

balanitis: inflamación del glande, asociada habitualmente con la del prepucio (postitis).

betalactámicos: grupo de antibióticos, entre los que se incluyen las penicilinas y las cefalosporinas, caracterizados por la presencia del anillo betalactámico en su fórmula química, que da nombre a dicho grupo.

bisexual: persona que siente atracción sexual por ambos sexos y tiene relaciones sexuales con ellos.

bolsa escrotal: saco o funda que cubre los testículos.

Candida albicans: género de hongo semejante a las levaduras, causante, entre otras patologías, de vaginitis.

cervicitis: inflamación del cuello uterino.

Cialis: nombre comercial del tadalafilo, un inhibidor de la enzima fosfodiesterasa-5, que provoca la erección del pene.

ciberespacio: deriva de la contracción entre «cibernética» y «espacio». Es el espacio virtual que se ha creado por la macrorred mundial de Internet, por el que se puede navegar en busca de información.

ciberporno: ciberespacio dedicado a la información pornográfica.

cibersexo: ciberespacio dedicado a la información y práctica «virtual» de sexo.

cintas peneanas: utensilios utilizados para comprimir la vena dorsal del pene y facilitar y mantener la erección.

circuncisión: intervención que elimina total o parcialmente el prepucio.

cirrosis: enfermedad del hígado, caracterizada por generar en este órgano una gran cantidad de tejido fibroso, que le da un aspecto externo granuloso, y le provoca una pérdida de la arquitectura microscópica lobulillar normal.

clítoris: cuerpo eréctil pequeño, situado en el ángulo anterior de la vulva femenina. Homólogo del pene del varón

coito: relaciones carnales del hombre con la mujer, por vía vaginal.

coito tántrico: modalidad de coito que busca evitar la eyaculación masculina y la prolongación de la excitación sexual, entre otras cosas, mediante penetraciones con descansos prolongados o retiradas de la vagina.

coitus interruptus: modalidad de coito con retirada del pene de la vagina antes de producirse la eyaculación.

coitus reservatus: modalidad de coito sin emisión de eyaculación por parte del varón.

condón: preservativo de látex delgado que se coloca sobre el pene. Evita que los espermatozoides penetren en la vagina, y previene contra las enfermedades de transmisión sexual.

conducto deferente: pasaje tubular que transporta los espermatozoides desde el epidídimo hasta la uretra prostática.

conducto eyaculador: conducto formado por el cordón espermático y el conducto excretor de la vesícula seminal.

cópula: coito.

cuerpo esponjoso: columna de tejido eréctil del pene a través de la cual pasa la uretra.

cuerpos cavernosos: columnas eréctiles que forman el dorso del pene y del clítoris, esenciales para la erección de ambos.

cunnilingus: del latín *cunnus* («vulva») y *lingere* («lamer»). Estimulación de la zona genital de la mujer, incluidos el clítoris, los labios y la vagina, mediante la boca, los labios y la lengua de otra persona.

depresión: estado caracterizado por disminución del tono afectivo, tristeza o melancolía, insomnio, pérdida de peso corporal, preocupaciones, sentimientos de culpa, etcétera.

diabetes *mellitus:* enfermedad caracterizada por anomalías en la secreción de insulina, en función de las necesidades de cada instante.

diafragma: dispositivo de látex o caucho flexible, de forma circular, que, colocado en el fondo de la vagina, impide el paso de los espermatozoides.

disfunción eréctil: incapacidad persistente de tener o mantener una erección adecuada y suficiente para conseguir una relación sexual coital satisfactoria.

dislipemia: alteración de los lípidos o grasas de la sangre.

dispareumia: dolor genital persistente o recurrente en un hombre o en una mujer durante o después de la relación coital.

distrés: alteración emocional que causa malestar.

DIU: dispositivo intrauterino, cuyo fin es evitar la fecundación.

eco *doppler*: prueba para determinar el estado vascular de una zona del organismo.

emoliente: agente o sustancia medicamentosa de uso externo que relaja o ablanda las partes inflamadas.

endocarditis: inflamación del endocardio, habitualmente por una infección que se asienta en las válvulas cardíacas.

endometriosis: enfermedad caracterizada por la presencia y proliferación del tejido del endometrio, fuera de la cavidad endometrial (ovario, vagina, peritoneo, trompas, etc.).

epidídimo: conducto que se adosa en la parte superior de cada testículo, con los que se comunica para transferir los espermatozoides, que da lugar al inicio de las vías espermáticas.

episiotomía: incisión quirúrgica lateral del orificio vulvar que se practica en el momento del parto para evitar desgarros espontáneos de la vagina.

erección: enderezamiento y rigidez del pene o del clítoris por el incremento de sangre a los cuerpos cavernosos de estos órganos.

erógeno: que produce sensaciones eróticas o amorosas.

eros: amor, en griego.

esclerosis múltiple: enfermedad producida por la degeneración progresiva de las vainas de mielina de las fibras nerviosas del cerebro. Provoca trastornos sensoriales y la pérdida del control muscular.

espermatozoides: células germinales masculinas, formadas en los testículos y eliminadas por el semen con el objetivo de fecundar el óvulo.

espermicida: sustancia que inhibe la actividad de los espermatozoides. Se coloca en la vagina antes del coito, a veces combinada con un condón o un diafragma, para evitar la concepción.

estrés sexual: el estrés es una tensión provocada por situaciones agobiantes que originan reacciones en la mente y en el cuerpo que alteran la sensación de salud. El estrés sexual sería el resultado de una relación entre las exigencias o demandas que se producen en las relaciones sexuales y la capacidad de darles respuesta.

estrógenos: hormonas sexuales femeninas, responsables del ciclo menstrual y de los caracteres sexuales femeninos secundarios, como la redondez de los senos, o la distribución de la grasa y del vello corporal.

exhibicionismo: perversión sexual que consiste en un impulso a mostrar los genitales, como método de obtener placer, a personas que no lo han solicitado y se sienten violentas por ello.

eyaculación: expulsión súbita del semen.

eyaculación precoz: eyaculación persistente o recurrente en respuesta a una actividad sexual mínima, antes, durante o poco tiempo después de la penetración y antes de que la persona lo desee.

factor de riesgo: elemento que contribuye a incrementar determinada enfermedad.

fálico: relativo al falo o pene.

fecundación: fertilización de un óvulo por un espermatozoide.

felación: estimulación de los genitales masculinos con la boca y la lengua de otra persona.

fetichismo: alteración que condiciona el disfrute del placer sexual a la presencia de determinados objetos.

fibromialgia: enfermedad de causa desconocida que afecta preferentemente a mujeres, caracterizada por dolores generalizados de predominio articular y muscular.

frotteurismo: parafilia sexual que consiste en intensas y recurrentes necesidades sexuales, en las que el individuo precisa del roce y del frote contra una persona, que no consiente, para su disfrute sexual.

glande: extremidad distal del pene, formada por la expansión de la porción esponjosa de la uretra y cubierta por el prepucio.

gónadas: glándulas que producen hormonas. Incluyen los testículos y los ovarios.

hemograma: análisis donde se expresan en número y proporción los distintos elementos celulares de la sangre: glóbulos rojos, glóbulos blancos y plaquetas.

heparina: sustancia que impide la coagulación de la sangre.

herpes: virus causante, entre otras patologías, de lesiones inflamatorias de los órganos genitales externos masculinos y femeninos, caracterizadas por pequeñas vesículas transparentes reunidas en grupos.

heterosexual: persona con apetencias sexuales hacia el sexo opuesto.

himen: membrana cutáneo-mucosa que cierra parcialmente la extremidad inferior de la vagina. El primer coito produce su rotura.

hipersomnia: sueño excesivo.

hipófisis: glándula del cerebro que produce numerosas e importantes hormonas, entre otras, las que controlan las gónadas y las hormonas sexuales.

hipoglucemiantes: sustancias que descienden las cifras de glucosa de la sangre.

hipogonadismo: estado de menor desarrollo de actividad genital.

hipogonadismo de inicio tardío: período de disminución de la función gonadal masculina, semejante a la menopausia femenina, que asocia síntomas de cansancio e inapetencia sexual, con cifras bajas de testosterona, a partir de los cuarenta años.

hipotálamo: parte del cerebro que ejerce control sobre las actividades hormonales, el equilibrio hídrico, la temperatura corporal, etc.

homosexual: persona con apetencias sexuales hacia el mismo sexo.

impotencia *coeundi:* imposibilidad de realizar el coito por falta de erección del pene.

infarto: tejido privado súbitamente de aporte sanguíneo, que como consecuencia se necrosa.

inhibidores de la PDE-5: fármacos que provocan erección del pene, inhibiendo el enzima fosfodiesterasa-5, lo cual se traduce en un mayor aporte de sangre a los cuerpos cavernosos del pene.

Kamasutra: el libro más influyente sobre el erotismo. Escrito por el religioso Vatsyayana, es un compendio de enseñanzas sexuales transmitidas básicamente por vía oral que datan del siglo IV dC.

labios mayores: cada uno de los dos pliegues cutáneos pilosos situados a cada lado de la vulva.

labios menores: cada uno de los dos pliegues mucosos situados entre los labios mayores.

Levitra: nombre comercial del vardanafilo, un inhibidor de la enzima fosfodiesterasa-5, que provoca la erección del pene.

líbido: energía psíquica de los seres animados derivada del instinto sexual o de vida.

ligadura de trompas: método de esterilización femenina consistente en cortar las trompas de Falopio para evitar el paso y la fecundación de los óvulos.

lupus: enfermedad multisistémica que afecta preferentemente a las articulaciones y la piel.

macrólidos: grupo de antibióticos con un grupo «macro» en su fórmula.

masoquismo: perversión sexual que requiere causar humillación, dolor físico o malos tratos a una persona para que ésta obtenga placer.

masturbación: producción de orgasmo por manipulación de los propios órganos genitales.

matriz: útero.

médula espinal: parte del sistema nervioso central que se extiende hasta la porción superior de la región lumbar.

médula sacra: porción final de la médula espinal.

ménage à trois: relación sexual compartida por tres personas.

menopausia: proceso natural de la mujer, caracterizado por el cese de la menstruación y el fin de su capacidad reproductora. Cursa con niveles bajos de estrógenos y progesterona.

miocardiopatía: enfermedad inflamatoria o degenerativa de la porción muscular del corazón o miocardio.

monte de Venus: prominencia céluloadiposa situada en la parte anterior del pubis femenino, encima de la vulva.

multiorgasmia: capacidad de algunos hombres y mujeres de experimentar varios orgasmos seguidos.

necrofilia: perversión sexual consistente en obtener placer erótico en cadáveres.

neoplasia: cáncer. Formación de tejido nuevo de carácter tumoral.

neumonía: inflamación causada por la infección del pulmón.

oligoelementos: elementos simples que se encuentran en escasa cantidad en el organismo, indispensables para un correcto estado de salud.

OMS: siglas de la Organización Mundial de la Salud.

orgasmo: grado más alto de excitación sexual.

ovarios: glándulas sexuales femeninas, situadas a cada lado del útero. Producen y almacenan los óvulos y segregan las hormonas sexuales femeninas: estrógenos y progesterona.

óvulo: elemento reproductor femenino, formado en el ovario, a partir del cual, si es fecundado por un espermatozoide, se desarrolla el embrión.

parafilia: desviación de una forma correcta *(para)* de aquello que es atractivo para el individuo *(filia)*.

parkinson: trastorno de la función motora, caracterizado por debilidad de los movimientos voluntarios, temblores, rigidez y pérdida de la facultad de expresión facial.

pedofilia: trastorno que consiste en realizar actividad sexual con niños.

pene: órgano masculino de la copulación y la excreción urinaria, constituido por una raíz, un cuerpo y una extremidad o glande del pene.

Peyronie, enfermedad de: induración plástica de los cuerpos cavernosos del pene que, en ocasiones, provoca deformidades del mismo.

pielonefritis: inflamación infecciosa del riñón y de la pelvis renal.

polimorfonucleares: leucocitos o células blancas de la sangre que ayudan a combatir las infecciones.

polineuropatía: inflamación simultánea de varios plexos nerviosos.

postectomía: circuncisión. Resección del prepucio.

postitis: inflamación del prepucio.

preludio amoroso: actividades de carácter amoroso (caricias, besos…) que realiza la pareja, antes de practicar el coito, para provocar una excitación sexual mutua.

prepucio: pliegue de piel que recubre el glande en los varones no circuncidados.

preservativo: condón.

prevalencia: en estadística sanitaria, proporción de casos, nuevos y viejos, de una determinada enfermedad, en relación con la población normal.

priapismo: erección anormalmente persistente del pene, que se acompaña de dolor y cursa sin sensación de deseo ni excitación sexual.

progesterona: hormona femenina que prepara el endometrio para la recepción y el desarrollo del óvulo fecundado.

prolactina: hormona que segrega la hipófisis y estimula la secreción de leche.

prostaglandinas: sustancias descubiertas en el semen, que realizan actividades distintas: mantener el movimiento de los espermatozoides en su camino hacia el óvulo, controlar la inflamación, regular la temperatura corporal y la secreción de ácido del estómago, y la contractilidad del músculo uterino y otros músculos lisos.

próstata: glándula masculina que rodea el cuello de la vejiga y la uretra. Junto con las vesículas seminales produce un líquido que se combina con el esperma para formar el semen.

prostatectomía: resección parcial o completa de la próstata.

prostatectomía retropúbica: resección de la próstata por detrás del pubis.

prostatectomía transuretral: resección de la próstata a través de la uretra.

prótesis de pene: implantación de determinados artilugios para conseguir la erección del pene.

punto G: punto descrito por Grafenberg, situado en la parte media y anterior de la vagina, especialmente sensible a la estimulación.

RigiScan: aparato utilizado para la medición de los episodios nocturnos de erección del pene.

sadismo: del novelista francés, Marqués de Sade. Perversión sexual en la que se excita la voluptuosidad por las torturas practicadas en la otra persona.

sadomasoquismo: práctica sexual perversa que precisa la tortura a la pareja y a sí mismo para lograr la excitación.

salpingitis: inflamación de las trompas uterinas.

semen: líquido blanquecino y espeso, secretado por los testículos y la próstata, que contiene espermatozoides.

sepsis: infección generalizada.

sida: síndrome de inmunodeficiencia adquirida. Enfermedad producida por el virus de la inmunodeficiencia humana (VIH), que lesiona gravemente el sistema inmunológico o de defensa.

sublimación: término freudiano utilizado para definir el proceso de desviar los instintos o impulsos sexuales hacia actividades socialmente aceptables.

tantra yoga: conjunto de creencias y prácticas rituales arraigadas en las religiones de la India, cuyos orígenes míticos provienen de las palabras del dios Siva.

Tao: consejos filosófico-religiosos recogidos en la obra de Lao-Tse, *Tao Te-King (El libro del Tao)*.

testículo: órgano reproductor esencial masculino. En número de dos, contenido y suspendido en el escroto por el cordón espermático. Produce espermatozoides y hormonas sexuales masculinas.

testosterona: hormona producida por los testículos, que induce y mantiene los caracteres masculinos secundarios.

THS: terapia hormonal sustitutiva. Tratamiento con hormonas femeninas para paliar algunos de los efectos de la menopausia.

tiroides: glándula situada en la parte anterior del cuello y productora de hormonas tiroideas.

transexual: hombre o mujer que se siente atrapado en un cuerpo del sexo opuesto.

tratamiento empírico: tratamiento no comprobado mediante ensayos clínicos.

tricomoniasis: infección de transmisión sexual producida por un protozoo, *Trichomonas vaginalis*, que produce vaginitis en la mujer y balanitis en el varón.

trompas uterinas o de Falopio: túbulos músculo-membranosos que discurren desde la parte superior del útero hasta los ovarios.

uretra: conducto membranoso que se extiende desde la vejiga urinaria hasta el exterior.

uretritis: inflamación de la uretra.

útero: o matriz. Órgano femenino destinado a recibir el óvulo fecundado y a preservar y nutrir el producto de la concepción y expulsarlo en el tiempo oportuno.

vagina: conducto membranoso, órgano femenino de la copulación, que se extiende desde la vulva hasta el cuello del útero.

vaginismo: aparición persistente o recurrente de un espasmo involuntario de la musculatura de la vagina que dificulta o impide el coito.

vaginitis: inflamación de la vagina.

vasectomía: escisión quirúrgica del conducto deferente, que impide la llegada de los espermatozoides al líquido de la eyaculación.

Viagra: nombre comercial del sildenafilo, un inhibidor de la enzima fosfodiesterasa-5, que provoca la erección del pene.

VIH: virus de la inmunodeficiencia humana, que produce el sida.

vitaminas: sustancias que se encuentran en pequeñas cantidades en determinados alimentos, indispensables para garantizar el correcto desarrollo y las funciones del organismo.

voyeurismo: del francés *voir* («ver»). Aquel que logra su máxima satisfacción sexual mirando.

vulva: parte exterior de los genitales femeninos.

web: página de información en Internet, cuyo contenido puede ser vivo o estático.

yin y yang: de origen oriental, forma de entender las energías equilibradas y complementarias (hombre-mujer, positivo-negativo, noche-día, sol-luna, etc.).

Yohimbina: fármaco que provoca erección peneana sin un mecanismo bien conocido de acción.

zonas erógenas: zonas que producen sensaciones eróticas o placenteras.

zoofilia: práctica de relaciones sexuales entre humanos y animales.

Bibliografía

«Alucinógenos del viejo mundo». Naranjo PL. *Terapie* 1972; 27: 7-96.

«Anticonceptivos: avances en los últimos cinco años». García Carballo M, Alonso-Roca R. *Jano*, 2006; 1.589: 53-6.

Atlas de anatomía humana. Netter Frank H. Novartis, 1999.

«Caminando hacia el hipogonadismo de inicio tardío». Acosta LE. *7 Días Médicos* 2006; suplemento núm. 678: 1-4.

«Dieta cardiosaludable». Fuster V. *La Vanguardia.* Salud 26-7-2005.

El libro del TAO. Lao-Tse. RBA colecciones, SA. Barcelona, 2006.

«La sexología clínica al comienzo del siglo XXI». Cabello F. *Revista de terapia sexual y de pareja* 2003; 17: 53-68.

Novedades farmacológicas. Honorato J y cols. Tadalafilo. AP 2004; 34-45.

Organización Mundial de la Salud (OMS). Constitución de1946.

«Papel fisiológico de los andrógenos en la erección peneana: regulación de la estructura y función del cuerpo cavernoso». Traish A, Kim N. *J Sex Med* (edición española) 2005; 2: 759-70.

«Prevalence and independent risk factors for erectile dysfunction in Spain: results of the "Epidemiología de la disfunción eréctil masculine"». Martín Morales A *et al.* EDEM Study. *J Urol* 2001; 166: 569-74.

«Reacciones adversas por consumo de pastillas de "éxtasis"». Plaza JM, Ramos J, Nogué S. *Jano* octubre de 2005; 1.579: 7-13.

«Riesgos Psíquicos». *El Periódico de Cataluña.* Editorial 14-3-2008.

Sexual behaviour in the human male. Kinsey, Pomeroy y Martin. WB Sandor. Londres y Filadelfia, 1948.

«Situació de la disfunció eréctil i la sexualitat masculina: una visió des de l'atenció primària». Pallarés M, Sallent M, Riera N, Martín E, Liste V, Muñoz MJ. XX Congrés d'Atenció Primària de la CAMFIC. Granollers, 2006.

Tabaquismo. Psiquiatría y atención primaria. Ediciones Médicas SL. Barcelona, enero de 2001; suplemento 1.

Tao Te-King. Traducción de Antonio Rivas. GorinKai, 1998.

Otros títulos publicados

**Violencia de género
Reflexiones sobre la
relación de pareja y la
violencia contra las mujeres**
Miguel Pallarès

**Emociones y sentimientos
Dónde se forman y cómo
se transforman**
Miguel Pallarès

**Cerebro, inteligencias
y mapas mentales**
*Zoraida G. de Montes,
Laura Montes G.*

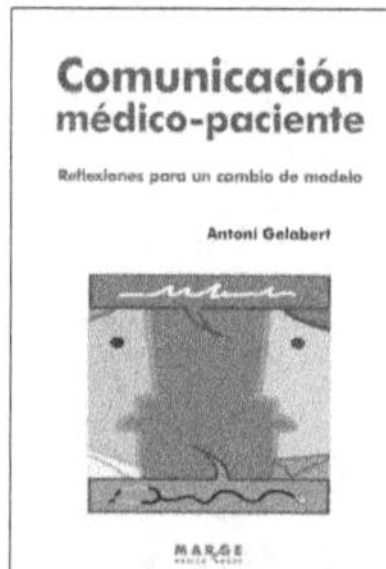

**Comunicación médico-
paciente. Reflexiones para
un cambio de modelo**
Antoni Gelabert

**Ideología y opiniones
Estudios de psicología
retórica**
Michael Billig

**El imperativo relacional
Recursos para un
mundo al límite**
Kenneth J. Gergen

**La cooperación entre
el alumnado**
Sylvain Connac

Adaptación a utopía
Daniel Yacubovich

**Miradas sobre la
educación a lo largo
de la vida**
*Àngel Marzo Guarinos,
Graça dos Santos Costa*

**En guerra por la vida.
Crisis climática
y transformación social**

Josep Cabayol i Virallonga

El entramado

Christian Ferrer

Los estudios culturales

Fredric Jameson

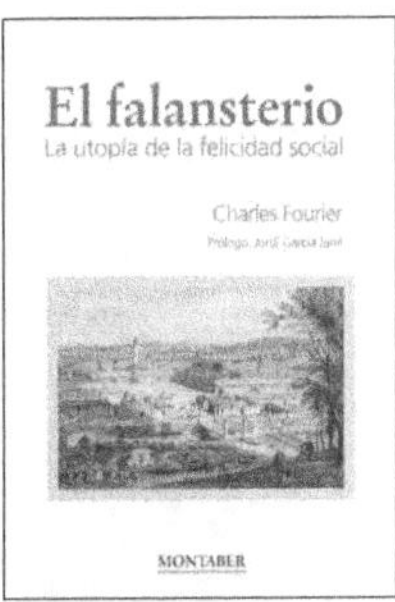

El Falansterio

Charles Fourier

**El fin de las pequeñas
historias**

Eduardo Grüner

Apocalipsis

Karl Kraus

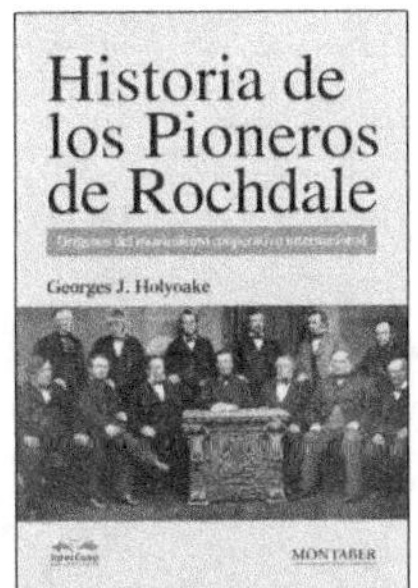

**Historia de los Pioneros
de Rochdale**

Georges Jacob Holyoake

La risa

Henri Bergson

Una partida de ajedrez

Stefan Zweig

MONTABER   Brutau, 160 – 08203 Sabadell (Barcelona) – Tel. +34-931 429 486 – montaber@montaber.es – www.montaber.es